KB005298

스레드 THREAD   혁신, 스포트라이트, 금융

판권

《스레드》는 북저널리즘이 만드는 종이 뉴스 잡지다.
북저널리즘은 2017년 서울에서 출판물로 시작해 디지털,
정기 구독, 커뮤니티, 오프라인으로 미디어 경험을
확장하고 있다. 《스레드》는 이달에 꼭 알아야 할 비즈니스,
라이프스타일, 글로벌 이슈를 선별하고 정제하고 해설한다.
20호는 2024년 2월 5일 발행됐다. 이연대, 신아람, 김혜림이
쓰고 편집했다. 들어가며, 마치며는 신아람이 썼다. 커버
사진은 1956년 남아프리카 공화국에서 유럽인 전용
벤치에 앉아 백인 소녀를 돌보는 흑인 하녀의 모습이다.
피터 마구바네가 찍었다. 이 책의 발행처는 주식회사
스리체어스(threechairs)이고, 등록번호는 서울중,
라00778이다. 주소는 서울시 중구 퇴계로2길 9-3 B1,
이메일은 thread@bookjournalism.com, 웹사이트는
bookjournalism.com이다. 이 책에 수록된 글과 그림을
이용하려면 반드시 저작권자와 ㈜스리체어스의 동의를
받아야 한다.

《스레드》는 이달에 꼭 알아야 할 비즈니스,
라이프스타일, 글로벌 이슈를 선별하고 정제하고
해설한다.

목차

들어가며

2024년 2월의 《스레드》는 혁신, 스포트라이트, 금융에
집중했다. 희망과 발전을 함의하는 키워드로 보이지만
실은 정반대다. 한 해를 시작하는 이 시기엔 아무래도
희망이나 낙관이 어울린다. 올해는 작년보다 나을 것이라고,
절망보다는 성취가 더 많을 것이라는 이야기 말이다. 하지만
긍정적인 시그널은 좀처럼 보이지 않는다. 위기를 준비하라는
경고등만 자꾸 뜬다. 인류의 삶을 더 윤택하게 해주어야 할
기술의 발전부터 그렇다. 당장 국제통화기금(IMF)에서 AI가
인류의 일자리를 빼앗아 불평등이 심화할 것이라고 경고한다.
21세기의 돌파구가 되어야 할 우주 개발에도 보이지 않는
배제와 권력 담론이 숨어 있다. 경제 상황을 보면 더 암울하다.
특히 우리나라가 그렇다. 가계 부채는 청년의 어깨를
짓누르고 누군가의 노후 자금은 허무하게 공중분해됐다.
혁신이 혁신답지 못하고 금융이 금융의 본분을 잊어서
그렇다. 현실이 이렇다 보니 도피처는 도파민이다. 자극적인
콘텐츠에 힘이 실리고, 옳고 그름의 판단은 뒤로 미뤄진다.
이번 《스레드》는 대체 무슨 일이 벌어지고 있는 것인지, 정말
우리에겐 비관적인 미래만 남은 것인지 질문한다.

익스플레인드

우리에겐 '해설(explained)'이 필요하다. 세상에 정보는
너무 많고 맥락은 너무 적다. 똑똑한 사람들이 정말 중요한
이슈를 따라잡기가 점점 어려워지고 있다. 그래서 《스레드》는
세계를 해설한다. 복잡하고 경이로우며 빠르게 변화하는
세상을 이해하는 데 필요한 통찰을 제공한다. 지금 무슨 일이
벌어지고 있는지 알리는 데 그치지 않고 그 일이 일어난
이유와 맥락, 의미를 전한다.

당신이 필요 없는 세상

구글이 임직원들을 해고하고 있다. 빅테크의 해고 칼바람은 2022년부터 시작되었으니 새로울 것은 없다. 새로운 것은 해고 이유다. '생성형 AI'가 드디어 사람을 내보내는 직접적인 이유로 부상한 것이다. 구글뿐만이 아니다. 아마존, 트위치, 디스코드, 듀오링고 등 이미 우리의 일상이 된 IT 기업들이 연초부터 감원 정책을 발표하고 있다. AI가 인간의 일자리를 빼앗을 것이라는 막연한 공포가 현실로 다가왔다는 보도가 이어진다. 신아람이 썼다.

AI로 인한 해고는 일시적인 경향이나, 몇몇 기업의 결정이 아니다. 클릭을 유도하는 헤드라인으로 소비되고 말 일이 아니라는 것이다. 인간이 AI로 대체될 수 있다는 상상은 한때 망상이었다. 그러나 이제는 현실이다. 우리는 새로운 경쟁자의 정체에 관해, 그리고 지금 불어닥치고 있는 AI발 해고에 관해 명확히 알 필요가 있다. 인간이란 결국, 일하는 존재이기 때문이다.

이미지 생성: DALL-E. 프롬프트 입력: 신아람

"2024년, 당신의 태양은 새롭게, 경이롭게" 롯데그룹
(2024)

얼마 전 공개된 롯데그룹의 신년 이미지 광고 카피다. 30초
길이의 TV CF로 선보였는데, 광고 영상 자체는 평범하다
싶을 정도로 특이점이 없다. 그러나 화면 하단에 깔린
자막에 특이점이 있다. 이 광고에 사용된 영상과 음악 모두
생성형 AI로 제작한 것이다. 최초는 아니다. 삼성생명도 이미
지난해 생성형 AI를 이용한 광고를 제작해 집행한 바 있다.
공교롭게도 롯데그룹과 삼성생명 모두 광고의 주된 메시지는
'희망'이다.

"극도로 비인격적이다." 구글 전 임직원(2024)

하지만, 이 한마디에 담긴 것은 희망이 아니라 모멸감이다.
올해 초, 구글에서 해고된 한 엔지니어가 동료에게 보낸
메모다. 2023년 초, 구글은 1만 2000명을 해고했다. 전체
인력의 약 6퍼센트에 달하는 인원이었다. 올해는 작년보다
낫다. 현재까지 1000여 명 정도가 짐을 쌌다. 다만, 올해의
해고 이유는 명확하다. "회사의 가장 큰 우선순위", 바로

생성형 AI 때문이다. 구글 직원들이 AI 때문에 일자리를 잃는다니, 매력적인 헤드라인이다. 매체들이 특히 주목한 것은 광고 부문이었다.

> "전 세계 컴퓨터 수요는 기껏해야 다섯 대 정도에 불과하다." 토마스 왓슨, 전 IBM 회장(1943)

생성형 AI가 광고를 척척 만들어 내니 사람이 필요 없어졌다는 식의 보도가 이어졌다. 롯데그룹과 삼성생명의 광고만 봐도 그럴 법 하다는 생각이 든다. 실상은 좀 다르다. 보도에서 언급된 AI 툴은 퍼포먼스 맥스다. 광고 집행의 효율성을 높이기 위해 광고를 어디에 얼마나 노출할 것인지를 자동으로 결정한다. 원래 광고 소재를 바탕으로 확장 소재를 만드는 기능이 포함돼 있기는 하지만, 아직 베타 버전이다. 그렇다면 누가 왜 해고되었나. 광고 영업 직군이 감원 대상이었다. 구글이 광고 사업을 처음 시작했을 땐 모든 것이 낯설었다. 질문이 많았다. 이후 구글의 서비스는 정교해졌고, 고객은 적응했다. FAQ와 매뉴얼로 충분하다. 혁신이 일상이 되면서 생긴 자연스러운 현상이다. 1980년대엔 PC의 전원을 켜는 방법도 A/S 센터에서 안내해 줬다. 2024년은 다르다.

> "올해 최고 우선순위에 투자할 것이다." 순다르 피차이 구글 CEO(2024)

더 이상 구글, 메타, 아마존의 모든 상품 중에 '혁신'은 없다. 그들이 처음 등장했을 당시에 '혁신이었던 것'들만이 존재할 뿐이다. 혁신이 20여 년 묵으면 일상이 된다. 결국, 이들은 명확히 보이는 새로운 혁신, 생성형 AI에 몰두할 수밖에 없다. 그런데 AI 개발에는 돈이 많이 든다. 사용되는 반도체가 비싸다. 개발 인력의 몸값도 비싸다. 때마침 코로나19 이후 고금리 시대로 접어들면서 선택지가 줄어들었다. 혁신하려면 투자를 받으면 되었던 시대가 끝났단 얘기다. 이제 투자하려면 비용을 줄여야 한다. 이것이 2024 빅테크의 해고 칼바람의 진짜 정체다.

> "IBM의 백오피스 인력 중 30퍼센트는 5년 안에 AI와 자동화로 대체 가능하다." 아르빈드 크리슈나 IBM CEO(2023)

그렇다고 AI가 아직은 우리 일자리와 멀리 있다고 단정할 수는 없다. 밑바닥부터 변화는 감지된다. 최근 KB국민은행은

콜센터 협력업체 여섯 곳 중 두 곳과 계약을 해지했다. 인공지능 상담이 늘었다는 것이 이유로 꼽혔다. 기술이 생겨서 자연스럽게 발생한 변화가 아니다. KB국민은행은 한글과컴퓨터 CTO 출신의 임원을 영입하는 등 적극적으로 AI 시대를 테스트하고 있다. 금융뿐만이 아니다. 시멘트, 철강 등 전통적인 제조업 섹터에서도 AI 도입에 나섰다. 이유는 간단하다. 혁신보다 효율이 중요한 분야기 때문이다. AI의 연관 검색어는 생산성이다. 한 조사에 따르면 전 세계 CEO의 4분의 1가량은 올해 AI 도입으로 최소 5퍼센트의 감원이 있을 것이라고 예상했다.

> "자동화 대체 가능성 가장 낮은 직업 회계사, 변호사,
> 전문의 등" 한국고용정보원(2016)

그렇다면 그 변화는 어디부터 닥쳐올까. IBM CEO의 발언처럼, KB국민은행의 사례처럼 정말 백오피스가 주요한 타깃이 될까. 한국은행이 최근 내놓은 분석에 따르면 꼭 그렇지만은 않다. 오히려 의사, 회계사, 자산운용가, 변호사 등이 위험 직군으로 꼽혔다. 대용량 데이터를 활용하여 업무를 효율화하기에 적합하기 때문이라는 설명이다. 즉,

열심히 공부해서 지식을 축적한 뒤 이를 활용해 가치를
생산하는 직업이 AI로부터 쉽게 영향받는다. 정보의
비대칭성이 곧 돈과 권력이 되는 현재의 패러다임이 뒤집힐
수 있다는 얘기다.

> "AI가 창의적인 일도 생각보다 더 쉽게 해내고 있다."
> 샘 올트먼 오픈AI CEO(2023)

지식 기반의 직업뿐만이 아니다. 창작의 영역도 이미 AI의
영향권에 들어왔다. 디자인이나 웹툰 등 이미지 분야에서는
이미 AI가 최대 화두다. 최근에는 문학계도 발칵 뒤집혔다.
일본 굴지의 문학상인 아쿠타가와상의 올해 수상자,
구단 리에 작가가 "작품의 5퍼센트 정도는 AI가 생성한
문장"이라고 밝혔기 때문이다. 작년 할리우드를 멈춰 세웠던
작가 파업의 주제도 AI였다. 역사학자 유발 하라리는 이미
지난 2018년, 저서 《21세기를 위한 21가지 제언》을 통해
예술 창작이 AI에 의해 쉽게 대체될 수 있을 것이라는 예측을
내놓은 바 있다. 예술 작품을 입력, 그에 따른 인간의 감정을
산출이라 할 때, 이에 관한 빅데이터를 통해 AI가 효과적인
'입력'을 제공해 줄 수 있다는 것이다. 창작이 빅데이터 분석을

통해 가능하다는 발상이다.

IT MATTERS

AI가 인간의 일자리를 본격적으로 빼앗기 시작했다는 이야기는 과장이다. 하지만 AI가 우리의 일을 바꾸어 놓을 것이라는 이야기는 사실이다. 우리가 대비해야 할 것은 바로 이 변화다. 고용 시장이 변화하면 누군가는 이득을 보고 누군가는 낙오된다. IMF의 최근 보고서는 AI가 불평등을 증가시킬 수 있다고 지적한다. 기술을 가진 국가와 그렇지 못한 국가 간의 불평등, AI를 활용할 수 있는 사람과 그렇지 못한 사람 간의 불평등이다. 보고서는 특히 AI 발전에 의한 소득 불평등에 주목했다. 노동 소득의 경우, AI가 어떻게 작용하는지에 따라 불평등이 증가할 수도, 감소할 수도 있다. 그러나 자본 소득과 부의 불평등은 항상 증가한다. 즉, 돈이 돈을 버는 경향이 더 커진다.

샘 올트먼 오픈AI CEO는 2031년까지 모든 미국인이 매년 1750만 원가량의 기본소득을 받을 수 있다고 주장한다. 기술 낙관론자들의 해법이다. AI가 생산성을 향상시키면, 그 이득을 기본소득이라는 방법으로 나누어 가진다는 것이다.

노동은 노예가 하고 시민은 '인간다운 일'에 몰두했던 로마 귀족이 연상된다. 그러나 샘 올트먼의 시나리오대로 되란 법은 없다. AI가 생각보다 창의적인 것처럼, 인간은 생각보다 탐욕스럽다.

제록스가 성공을 복사하지 못한 이유

프린터 왕국 '제록스(Xerox)'가 대규모 구조 조정에 들어간다. 1월 3일 제록스는 1분기에 인력 15퍼센트를 감축할 계획이라고 밝혔다. 전체 직원 2만 명에서 3000여 명을 한 번에 해고한다. 제록스는 조직 구조와 운영 방식을 개편하고 재창조에 나서기로 했다. 그동안 회사를 이끌어 왔던 프린터 제품 부문을 단순화하고 IT 서비스에 집중할 방침이다. 이연대가 썼다.

2024년 1월 제록스의 시가 총액은 20억 달러다. 코스피 시가
총액 순위에 대입하면 120위권이다. 강원랜드보다 시총이
작다. 30년 전만 해도 제록스는 포춘 500대 기업 중 26위였다.
애플, 코카콜라보다 매출이 높았다. 1970년대 팔로알토에서
제록스는 IBM과 MS를 합한 것보다 더 큰 회사가 될 수 있는
미래를 발명했고, 잃어버렸다. 이후 내리막을 걸었다. 그때
팔로알토에선 무슨 일이 있었을까.

제록스 PARC가 1973년에 연구 목적으로 만든 개인용 컴퓨터 '제록스
알토(Alto)'. 사진: 제록스 PARC 아카이브

기술 혁신

제록스는 1906년 미국 뉴욕에서 시작했다. 사진 인화 용지를 만들었다. 그러다 1959년 물리학자 체스터 칼슨의 전자 사진 기술을 이용한 최초의 현대판 복사기 '제록스 914'를 출시하면서 세계 각국의 사무 환경을 바꾼 회사로 거듭난다. 20세기 중반까지 문서 한 장을 복사하려면 먹지가 필요했고, 수십 단계의 수작업을 거쳐야 했다. 복사 한 장에 3분이 걸렸다. 그런데 제록스 914는 일반 종이를 사용해 30초에 한 장씩 복사했다. 혁명이었다.

임대 모델

문제는 가격이었다. 한 대에 4만 달러가 넘었다. 제록스는 914를 판매하지 않기로 한다. 대신 임대만 했다. 한 달에 몇십 달러를 내면 914를 빌려주고 일정 부수의 무료 복사를 제공했다. 그 이상을 넘어가면 장당 요금을 받았다. 혁신적인 기술에 새로운 비즈니스 모델을 결합하면서 제록스는 떼돈을 벌었다. 1970년대 제록스는 전 세계에 10만 명에 가까운 영업 인력을 보유한다. 그들은 고객사의 복사기를 관리해 주고,

매월 초과 사용 부수에 장당 요금을 곱해 청구서를 작성했다.

PARC

임대 아이디어를 고안한 피터 매콜로는 제록스 2대 사장이
된다. 제록스는 세계 복사기 시장의 95퍼센트를 장악했지만,
호황이 언제까지 이어질지 알 수 없었다. 경쟁 업체들이
추격하고 있었고, 복사기가 핵심 사무 기기로 계속 남아
있으리라는 보장도 없었다. 1969년 말 매콜로는 제록스의
기존 복사기 연구소에서 멀리 떨어진 캘리포니아에 다른
연구소를 세우라고 지시한다. 이듬해인 1970년 7월 1일
팔로알토 연구소(Palo Alto Research Center, PARC)가
설립된다. 연구소의 임무는 "미래의 사무실"을 발명하는
것이었다.

꿈의 직장

PARC는 꿈의 직장이었다. 돈 벌 궁리를 하지 않고 그저
미래를 개발하기만 하면 되는 분위기였다. 모기업의 현재
제품 라인과 관계없이 하고 싶은 연구를 할 수 있었다. 과학자,

엔지니어, 프로그래머들은 새벽 4시에 출근해 밤늦도록 일했다. 제대로 씻지도 않고 사무실에서 먹고 잤고, 수염을 덥수룩하게 기르고 사무실을 맨발로 다녔다. 그야말로 컴퓨터 괴짜들의 집단이었다. 1970년대 중반 전 세계 상위 100명의 컴퓨터 과학자 중 절반이 PARC에서 일하고 있었다.

컴퓨터의 거의 모든 것

PARC 연구원들은 오늘날 우리가 사용하는 컴퓨터 장치의 거의 모든 원형을 개발했다. 당시만 해도 컴퓨터를 작동하려면 코딩하듯 기계 언어를 키보드로 입력해야 했다. 그러다 보니 일반인이 접근하기 어려웠다. PARC는 그래픽 사용자 인터페이스(Graphical User Interface, GUI)를 개발해 사용자가 그래픽을 통해 컴퓨터를 작동하게 했다. 작업창, 아이콘, 메뉴, 마우스 포인터 같은 기능이 이때 처음 나왔다. 컴퓨터를 여러 대 연결하는 네트워크인 이더넷도 PARC가 개발했다. 쉽게 말해 랜선이다. 개인용 컴퓨터, 워드프로세서, 노트북, 태블릿도 PARC에서 나왔다.

미래의 날

컴퓨터의 거의 모든 걸 개발했는데, 왜 사람들은 제록스를
복사기 회사로만 기억할까. 상용화에 실패했기 때문이다.
1977년 11월 10일 미국 플로리다주 보카레이턴에서 '미래의
날(Futures Day)'이 열렸다. PARC 연구진은 제록스 경영진과
영업 인력들이 모인 자리에서 그간의 성과를 시연했다.
전에 없던 새로운 장비와 기술을 공개했는데, 청중의
반응이 별로였다. PARC 연구원은 당시를 이렇게 회상한다.
"참석자들은 '그래서 인쇄 버튼을 어디서 누릅니까' 하는
반응이었다." 프린터 임대 모델에 익숙했던 그들은 종이가
없는 세상에서 어떻게 커미션을 받을 수 있는지 이해할 수
없었다.

애플과 MS

1979년 스티브 잡스가 PARC를 방문했다. 잡스는 마우스로
커서를 움직이고 아이콘을 클릭해 창을 여는 GUI에
매료됐다. 연구진의 시연을 10분간 지켜보고는 앞으로 모든
컴퓨터가 이런 방식으로 작동하리라는 걸 직감했다. 잡스는

제록스와 100만 달러 규모의 계약을 맺고 PARC에서 개발
중인 기술에 접근할 수 있는 권한을 얻었다. 그리고 GUI를
1984년 매킨토시에 적용했다. 대성공이었다. 훗날 잡스는
당시를 회상하며 "제록스는 자신들이 뭘 만들었는지조차
몰랐다"면서 제록스가 발명품의 상용화에 성공했다면 컴퓨터
산업 전체를 지배했을 수도 있다고 말했다. 빌 게이츠 역시
PARC에서 영감을 받아 윈도우를 출시했다.

IT MATTERS

제록스가 컴퓨터 장치의 거의 모든 것을 발명하고도 컴퓨터
시장을 선점하지 못한 이유는 크게 두 가지다. 첫째, 뉴욕
본사의 경영진이 PARC에서 벌어지고 있는 일을 이해하지
못했다. 1970년대 초반만 해도 복사기 수요가 공급을
초과했다. 회사에는 경영을 잘 아는 임원이 필요했다. 이들은
숫자에 능했다. 복사기 개발과 판매로 발생하는 비용과
수익 계산에 빠삭했다. 그러나 당시로선 생소했던 컴퓨터
시장의 잠재력을 알지 못했다. 그들에게 PARC의 성과는
캘리포니아의 괴짜들이 만든 신기한 발명품에 지나지 않았다.
제록스의 최고위 임원은 PARC의 경이로움을 하루 동안

제록스가 1981년 출시한 Xerox Star 8010. 사진: digibarn.com

둘러본 뒤 연구진에게 딱 한 가지 질문을 던졌다. "저 빈백은
어디서 구할 수 있나요?"

둘째, 기존 성공 모델에서 벗어나지 못했다. 1981년 제록스는
PARC에서 개발한 개인용 컴퓨터를 출시했다. 한 대당
1만 6500달러로 고가였는데, 그마저도 컴퓨터만 따로
살 수 없었다. 네트워킹과 레이저 프린터가 포함된 통합
시스템으로만 판매했다. 최소 설치 비용은 10만 달러였다.
타사 소프트웨어를 설치할 수도 없었다. 복사기처럼
제록스 직원이 설치, 관리하는 방식이었다. 복사기 임대
방식과 별 차이가 없었다. 제록스 경영진은 개인용 컴퓨터
시장을 이해하지 못하고 대규모 시스템에 수십만 달러를

지불하는 시장과 똑같이 접근했다. 그로부터 몇 달 뒤 IBM이 개인용 컴퓨터를 출시했다. 제록스 제품보다 성능이 훨씬 떨어졌지만, 한 대당 2000달러였다. 개인용 컴퓨터 시대가 열리는 순간이었다.

제록스는 1970년대 중반까지 프린터와 복사기의 압도적인 성공에 젖어 개인용 컴퓨터라는 새로운 시장의 잠재력을 인지하지 못했다. 1970년대 후반에는 복사기 시장 후발 주자들의 추격을 피하느라 컴퓨터 시장으로 눈을 돌릴 여유가 없었다. 1980년대 초반이 돼서야 컴퓨터 시장의 잠재력을 알아차리고 제품을 내놨지만, 과거 복사기의 성공 방식을 답습하면서 상용화에 실패했다. 결국 1980년대 들어 앨런 케이, 밥 멧칼프, 밥 테일러, 존 워녹, 찰스 시모니 같은 컴퓨터 과학의 전설적인 인물들이 PARC를 떠나고, 복사기 시장의 점유율마저 급감하면서 제록스는 서서히 침몰한다. 그사이 제록스가 만들어 낸 눈부신 기술의 과실은 애플, MS, IBM 같은 기업들이 나눠 가졌다.

미국의 민간 우주 기업 '아스트로보틱'이 개발한 무인 달
착륙선 '페레그린'이 탑재된 로켓이 1월 8일 달을 향해
발사됐다. 페레그린은 2월 23일 달 앞면의 용암 지대 시누스
비스코시타티스에 착륙할 계획을 세웠다. 결과는 실패였다.
연료 누출로 인한 추진체 손실로 인해 아스트로보틱은
24시간도 채 되지 않아 달 착륙 시도를 포기한다고 밝혔다.
김혜림이 썼다.

실패로 돌아간 시도였지만, 이번 민간 달 탐사 시도는 중요한 질문들을 남겼다. 달은 누구의 것인가? 달은 특정한 누군가의 손아귀 아래에서, 원하는 모양대로 조각될 수 있는 것일까? 우리는 이미 숱한 개척과 개발이라는 이름 아래에서 비극들을 만들어 왔다. 모두의 뉴스페이스를 위해서는 '영리와 돈' 바깥의 목소리, 새로운 규칙이 필요하다. 그래야 '새로운' 우주가 열린다.

1969년 7월, 아폴로 11호의 우주 비행사 올드린이 달 표면에 첫발을 내딛고 있다. 사진: NASA

페레그린

페레그린은 탐사선이다. 달의 표면을 돌아다니며 방사선
수준, 표면 및 지하의 얼음, 달의 자기장과 외기권 등을
탐사한다. 탐사선에는 다양한 물건들이 실렸다. 과학적인
장비만 실린 것은 아니었다. 비트코인 한 개가 포함된 실물
동전과 전 세계 어린이의 메시지 18만 5872개가 들어 있는
일본의 '달의 꿈 캡슐'도 함께 실렸다. 페레그린을 싣고 우주로
발사된 로켓 '벌컨'은 뉴스페이스 시대의 국가적인 시작을
알린 기업 ULA의 로켓이다. 록히드 마틴과 보잉의 합작
투자로 2006년 설립된 이 회사는 뉴스페이스 시대의 시작을
알리는 아이콘이었다.

기업들이 하고 싶은 것

미국의 국익을 위해 기업들이 뉴스페이스 시대에 뛰어드는
것은 아니다. 페레그린을 개발한 아스트로보틱은 달에 보내고
싶은 장치나 제품을 모두 달에 보내 주겠다고 홍보한다.
'엔드투엔드 배송 서비스'다. 과학 장비나 연구 개발 도구뿐
아니라 데이터, 예술 작품과 개인의 기념품까지 실어 보낼

수 있다. 마케팅을 위한 파트너십 역시 가능하다. 버진그룹 소속의 '버진 갤럭틱'은 준궤도 구간의 무중력 체험 관광 사업을 진행 중이다. 2021년에는 미국 연방항공국으로부터 첫 우주 관광 면허를 받기도 했다. 한 좌석당 티켓 가격은 약 1억 8000만 달러다. 나사는 2020년부터 일반인의 국제 우주 정거장 체험을 허용하면서 "우주를 관광 및 벤처 사업 진출이 가능한 영역으로 바꿔 놓을 것"이라 말했다.

우주장

뉴스페이스 계획은 처음부터 영리성을 품고 있었다. 그 영리의 기준은 어디까지 나아갈 수 있을까. 페레그린에 실린 셀레스티스의 페이로드에는 약 70명의 사람과 개 한 마리의 유해가 실렸다. 대부분은 화장한 유골의 작은 샘플이었지만, 일부는 살아 있는 사람의 DNA 샘플이었다. 이 유해 승객 중에는 공상과학 작가 아서 클라크, 〈스타트렉〉의 원작자인 로든버리 부부의 골분, 아폴로 11호의 착륙지 선정을 도왔던 나사의 지질학자 마레타 웨스트가 포함돼 있다. 조지 워싱턴, 드와이트 아이젠하워, 존 F. 케네디의 머리카락도 함께 실렸다. 달에 유해와 DNA를 보내기 위해서는 셀레스티스에

1만 2995달러를 지불해야 한다. 셀레스티스는 우주장을 홍보하며 이렇게 말했다. "SF를 좋아하고, 우주에 감탄하고, 우주와 하나가 되고 싶은 이에게 이보다 더 설득력 있는 추도식은 없다."

나바호

그들이 말하는 '우주를 좋아하는 이'에 나바호 원주민은 포함되지 않았다. 이번 발사 계획이 구체화된 이후, 아메리카 원주민 나바호족의 대통령은 나사와 미국 정부에 편지를 보냈다. 유골이 실렸으니 발사를 연기해 달라는 요청이었다. 많은 원주민과 마찬가지로, 나바호족의 전통은 달을 신성하게 여긴다는 이유였다. 인간의 유해를 달에 보내는 것은 이들에게 일종의 신성 모독 행위였다. 미국 정부의 대처는 단호했다. 나사의 탐사 담당 부행정관인 조엘 컨스는 기자 회견을 통해 "나사가 아닌 일부 상업용 탑재물이 일부 커뮤니티에서 우려의 대상이 될 수 있으며, 해당 커뮤니티에서는 임무가 상업적이라는 사실을 이해하지 못할 수도 있다는 점"을 잘 알고 있으나 "나사는 타 상업용 탑재물에 대해 관여하거나 감독할 수 없다"는 입장을 밝혔다.

1998년

1998년에도 비슷한 일이 있었다. 나사는 행성 과학자
유진 슈메이커의 유골을 싣고 달로 로켓을 발사했다. 당시
나바호족의 대통령이었던 앨버트 헤일은 달 탐사선이 발사된
지 며칠 후 달이 신성한 존재라는 점을 지적하며 반대 의견을
냈다. 나사 대변인은 유사한 기념을 다시 할 경우, 원주민
커뮤니티와 협의하겠다고 약속한 바 있다. 그러나 협의는
없었다. 국가 주도의 올드 스페이스 시대가 끝났기 때문이다.
나사가 말하듯, 탑재된 것은 국가가 의견을 낼 수 없는 '민간
영역'의 것이다. 기업의 성장을 막아서는 안 된다는 간편한
선택 아래, 유해를 실은 페레그린은 문제없이 발사됐다.
미국의 꿈과 원주민의 절망을 한데 싣고 말이다.

나바호족

나바호족은 이미 그들의 터전을 잃었던 역사가 있다.
1800년대 이뤄진 300마일에 이르는 긴 강제 이주로 인해
나바호족은 기아와 질병에 시달려야 했다. 나바호족을 비롯한
원주민들은 또 다른 상실을 앞두고 있다. 나바호족은 자연의

모든 것은 생명이 있고 신성하다고 믿는다. 달도 그 유산 중
하나다. 누군가의 유산을 지키는 것과 개척을 해나가는 것,
그 사이 어디에 선을 그어야 할지 우리는 아직도 합의조차
이루지 못했다. 개척은 역사지만 누군가에게는 비극이다.
우리 모두에게는 역사를 세우되 비극을 줄여 나가야 할
의무가 있다.

발전 없는 우주 조약

1967년 발효된 우주 조약은 우주의 탐사와 이용이
누구에게나 자유롭다는 것을 기본 원칙으로 삼는다. 그러나
'모두에게 주어진 자유'가 '모든 것이 허용된다'는 의미는
아니다. 우주 조약은 우주에 대량 살상 무기를 배치하거나
주권을 주장하는 것을 금지한다. 국제법을 준수하고, 우주
비행사들을 국적과 상관없이 도와야 한다는 지점 역시 명시해
두고 있다. 달과 다른 물체의 유해한 오염을 피해야 한다는
지점도 언급했다. 그러나 여기까지였다. 수십 년의 시간이
흘렀지만 우주를 어디까지 영리화할 것인지에 관한 규정은
없었다. 뉴스페이스 시대는 너무 성급하게 시작됐다.

미시시피대학교의 우주법 전문가인 미셸 헨론은 "모든
사람들이 물건을 보내기 시작하면 달은 정말 빠르게 쓰레기가
될 것"이라 말했다. 그를 막기 위해 뉴스페이스 시대에
걸맞은 우주 조약이 필요하다. 새로운 시대의 규제마저
힘 있는 이들만의 목소리로 채워진다면, 역사는 달에서도
반복될 수밖에 없다. 모두의 뉴스페이스를 위해서는 원주민
커뮤니티의 달을 향한 유산도, 우주 개발에 미처 참여하지
못한 국가들의 목소리도 함께 담겨야 한다.

가장 실현 가능한 방법은 다수의 민간 협의체가 참여하는
국가 간 거버넌스다. 연성법(soft law)은 법적 중요성은
갖지만, 구속력은 없는 규칙, 지침을 말한다. 환경 보호와 멸종
위기에 처한 종을 보호하는 것처럼, 연성법에 동의한 모든
당사자의 행동 표준을 설정하는 식이다. 다양한 목소리를
지닌 국가, 커뮤니티가 모여 만든 유연한 행동 지침을 통해
영리 영역의 경계를 세울 수 있다. 합의가 전제돼야만 우리는
나바호족의 전통과 우주장을 원하는 이들의 소망을 비로소
같은 저울 위에서 비교할 수 있다.

때때로 '영리'와 '민간'이라는 단어는 간편하고 빠른 선택을

위해 쓰인다. 국가는 역사를 기억하고 규제를 만들어 나가야 하는 의무를 지닌 주체이지만, 개발과 개척, 성장을 위한 민간의 움직임은 낙관만 지닐 뿐이다. 그러나 모두가 말하듯, 우주는 모두의 것이다. 새로이 주어진 공유지에는 새로운 규칙이 필요하다.

피터 마구바네, 1932-2024

아파르트헤이트의 비극을 포착한 남아프리카 공화국의 흑인 사진작가이자 반인종차별 운동가 피터 마구바네(Peter Magubane)가 2024년 1월 1일 91세를 일기로 세상을 떠났다. 마구바네는 독방에 갇히고, 코가 부러지고, 총에 맞고, 촬영을 금지당하면서도 남아공의 인종 차별 정책을 고발하는 사진을 계속 찍었다. 그에게 카메라는 총이었다. 이연대가 썼다.

WHY NOW

1960년 샤프빌 흑인 대학살, 1964년 넬슨 만델라 종신형 선고, 1976년 소웨토 학생 봉기, 1990년 만델라 석방, 1994년 만델라 대통령 당선. 피터 마구바네는 남아공 현대사의 결정적 순간을 카메라에 담았다. 마구바네는 말한다. "역사는 영감과 동기를 부여합니다. 나는 사람들에게 역사를 남기고 싶습니다. 그래서 기록이 중요합니다." 마구바네의 부고를 기록해야 하는 이유다.

2016년 6월 16일 피터 마구바네가 남아공 요하네스버그의 아프리카 박물관에서 자신의 저서 《6월 16일》 40주년 기념판 출간 행사에 참석했다. 사진: Lucky Nxumalo, Foto24, Gallo Images, Getty Images

백인 소녀를 돌보는 흑인 하녀(1956). 사진: 피터 마구바네

아파르트헤이트

1948년 남아공의 백인 정권은 유색 인종 차별을 법률로
공식화했다. 아파르트헤이트(apartheid)다. 인종별로 이용할
수 있는 버스, 병원, 학교가 나뉘었다. 흑인은 백인 거주
지역에 허가 없이는 체류할 수 없었다. 투표권도 없었다.
1956년 24세의 사진 기자 피터 마구바네는 유럽인 전용
벤치에 앉아 백인 소녀를 돌보는 흑인 하녀의 사진을 찍었다.
그의 사진 중 가장 유명한 사진이다. 17세기 네덜란드인이
남아공에 이주한 이래, 수백 년간 여러 인종이 섞여 지낸
사회를 강제적으로 분리한다는 것이 얼마나 부조리한지 잘

보여 주는 사진이다.

드럼

마구바네는 1932년 1월 18일 남아공 요하네스버그의 혼혈인 지역에서 태어났다. 아버지는 말수레를 끌고 백인 고객에게 채소를 팔았다. 아버지가 박스형 카메라 '코닥 브라우니'를 사주면서 사진에 관심을 두게 된다. 그가 16세가 되던 해에 아파르트헤이트 정책이 시작됐다. 마구바네는 남아공 흑인의 도시 생활과 예술, 정치, 문화를 다룬 잡지《드럼(Drum)》을 읽고 보면서 사회 문제에 점차 눈을 떴다.《드럼》은 아파르트헤이트의 잔혹성을 보도하는 것으로도 유명했다. 마구바네는 그 잡지의 일부가 되고 싶었다.

사진 기자

마구바네는 사진을 배우고 싶었지만, 흑인이 다닐 수 있는 대학이 없었다. 그래도 어떻게든 업계에 발을 들이고 싶었다. 1954년 마구바네는《드럼》에 운전기사로 취직한다. 남는 시간에 사진을 찍었다. 6개월을 다녔을 때 수석 사진

기자의 눈에 들어 첫 촬영 업무를 맡는다. 1955년 아프리카
민족회의(ANC) 대회 현장을 찍었다. 이후 그는 운전대를
다시 잡지 않았다. 사진계 거장들과 함께 일하며 많이
배웠고, 국내외 주요 정치 사건을 카메라에 담았고, ANC
정치인들과 교류했다. 훗날 남아공 최초의 흑인 대통령이
되는 넬슨 만델라, 그리고 그의 아내이자 정치적 동지인 위니
만델라와도 가깝게 지냈다.

남아공 소웨토(1958). 사진: 피터 마구바네

빵과 카메라

1956년 남아공 여성 2만 명이 정부 청사로 행진했다. 통행법

때문이다. 당시 흑인 남성은 정해진 구역을 벗어날 때
통행권을 소지해야 했는데, 정부가 이를 흑인 여성에게도
확대하자 통행권을 불태우고 반대 시위를 벌였다. 남아공
북서부의 소도시 제루스트에서 수백 명의 여성이 체포됐다.
마구바네는 제루스트로 갔다. 경찰은 시위 현장 촬영을
금지했다. 마구바네는 가게에서 빵 반 개를 샀다. 빵의 속을 판
다음 그 안에 라이카 M3를 숨겼다. 빵을 먹는 척하며 셔터를
눌렀다. 빵이 떨어지면 우유갑에 카메라를 숨겼다. 속이 빈
성경책 속에 카메라를 넣고, 주머니에 넣은 케이블 릴리즈로
사진을 찍기도 했다. 마구바네는 여성들이 경찰에 끌려가는
장면을 포착한 유일한 사진 기자였다.

남아공 소웨토(1976). 사진: 피터 마구바네

샤프빌 학살(1960). 사진: 피터 마구바네

투옥

1960년 정권 퇴진과 아파르트헤이트 폐지를 요구하는
시위대에 경찰이 발포해 69명이 사망했다. 샤프빌 학살
사건이다. 이 현장에도 마구바네가 있었다. 그런데 데스크는
왜 더 가까이 다가가 찍지 않았냐고 지적했다. 이 일을 계기로
마구바네는 두려움과 충격이 사진 작업에 방해가 되지
않도록 했다. 1969년 위니 만델라가 체포됐다. 감옥 밖에서
항의 시위가 벌어졌다. 당시 요하네스버그의 일간지 《랜드
데일리 메일(Rand Daily Mail)》에서 일하던 마구바네는
시위를 촬영하다가 체포됐다. 독방에 586일을 갇혀 있었다.

1970년에 풀려났지만 5년간 한 번에 한 명 넘게 만날 수 없고
신문사 사무실에도 출입할 수 없는 금지령이 내려졌다. 5년을
유령처럼 살았다.

소웨토 항쟁(1976). 사진: 피터 마구바네

소웨토 항쟁

1975년 활동 금지가 풀렸다. 그리고 이듬해 6월 소웨토
항쟁이 일어났다. 정부가 학교 수업의 절반을 아프리칸스어로
진행하게 하자 흑인 학생들이 들고일어났다. 아프리칸스어는
쉽게 말해 네덜란드어 방언이다. 백인 지배의 상징으로
여겨졌다. 마구바네는 소웨토 항쟁을 촬영한 극소수의

사진가였다. 그는 달려 나가는 시위대의 사진을 찍으려다가
시위대로부터 제지당했다. 그는 청년들에게 "기록되지
않은 투쟁은 투쟁이 아니다"라며 이 투쟁을 찍게 해달라고
요청했다. 그는 경찰에 폭행당해 코가 부러지면서까지 사진을
찍었다. 그렇게 찍은 소웨토 항쟁 사진은 전 세계로 퍼져
나갔다. 국제 사회는 아파르트헤이트의 참상을 알게 됐다.

넬슨 만델라

소웨토 항쟁 사진으로 마구바네는 다시 체포됐다가
1976년 12월 석방된다. 그때부터 그는 너무 유명해져서
정부도 함부로 다룰 수 없게 된다. 그는 《타임》, 《스포츠
일러스트레이티드》, UN과 일했다. 그는 넬슨 만델라의
석방으로 이어진 1980년대 남아공의 혼란과 시위를 카메라로
계속해서 기록했다. 1990년 마침내 만델라가 석방된다.
만델라의 오랜 친구이자 동지였던 마구바네는 만델라의 공식
사진가로 임명됐다. 1994년 역사적인 전체 인종 선거에서
만델라가 남아공 최초의 흑인 대통령으로 선출될 때까지
만델라의 사진을 찍었다.

IT MATTERS

1994년 남아공에 새로운 민주주의 정부가 수립되고 아파르트헤이트가 폐지된 이후 마구바네는 비로소 취재를 중단했다. 대신 전시회와 출판 작업에 집중했다. 그는 아파르트헤이트 정부에서 금서로 지정됐던 《Black As I Am》을 비롯해 17권의 책을 냈다. 일곱 개의 명예 학위와 많은 상을 받았다. 젊은 시절 아파르트헤이트의 잔혹함을 포착했던 그는 말년에는 자연을 카메라에 담았다. 특히 일몰을 찍었다. 2012년 《뉴욕타임스》와 가진 인터뷰에서 그는 이렇게 말했다. "나는 죽은 사람들을 다루는 데 지쳤습니다. 나는 이제 일몰을 찍습니다. 정말 아름답습니다." 그러면서도 그는 여전히 싸울 준비가 되어 있었다. "하지만 만약에 상황이 내가 생각하는 것과 다르게 돌아간다면 나는 다시 카메라를 들고 돌아가 지금 무슨 일이 벌어지고 있는지 세상에 보여 줄 겁니다."

무엇이든 될 수 있는 미키마우스

애니메이션 〈증기선 윌리〉 속, 휘파람을 불며 배를 조종하던 초기 미키마우스의 저작권이 종료됐다. 1928년 첫선을 보인 이후 95년 만이다. 우리에게 익숙한 현대 버전의 미키마우스는 아니지만, 그 원형이 된 캐릭터다. 아직 월트 디즈니는 미키마우스를 완전히 놓아주지 못했다. 월트 디즈니는 성명을 통해 "미키마우스의 이름, 미키마우스를 무단으로 활용한 상품은 강력하게 법적 조치를 취할 것"이라 밝혔다. 김혜림이 썼다.

월트 디즈니는 저작권에 진심이다. '무인도에서 탈출하고
싶다면 미키마우스를 그리라'는 말이 있을 정도다. 그런
디즈니도, 과거의 창작이 없었다면 지금에 이르지 못했다.
창작은 오염이다. 성역이었던 미키마우스는 오염되기를
앞두고 있다. 디즈니에게도, 우리 모두에게도 창작이라는
오염은 또 다른 기회다. 미키마우스는 이제 무엇이든 될 수
있다.

애니메이션 〈증기선 윌리〉 속 미키마우스

1월 1일

매년 1월 1일은 퍼블릭 도메인 데이(Public Domain Day)다.

듀크대학교 로스쿨에서 운영하는 '퍼블릭 도메인 연구
센터'는 매년 1월 1일, 퍼블릭 도메인 데이를 기념해 저작권이
만료된 작품을 모아 공개한다. 올해는 D.H. 로런스의《채털리
부인의 연인》, 버스터 키튼의 영화 〈카메라맨〉, 찰리 채플린의
영화 〈서커스〉의 저작권이 만료됐다. 가장 큰 관심을 받은
건 월트 디즈니의 대표 캐릭터인 미키마우스였다. 올해 1월
1일부로, 흑백의 미키마우스는 월트 디즈니의 품을 떠났다.

저작권법과 미키마우스 보호법

1790년 미국에서 첫 저작권법이 제정된다. 지적 재산권과
창작물이 28년 동안 보호받을 자격이 있다고 규정했다.
법률의 목적은 '학문 장려(encouragement of learning)'였다.
1831년에는 그 기간이 42년으로, 1909년에는 56년으로
연장된다. 본래 미키마우스는 1984년, 저작권이 만료돼야
했다. 미키마우스를 포기할 수 없던 디즈니는 수백만 달러
규모의 로비를 쏟아붓는다. 저작권 보호 기간인 56년에
19년을 추가해 미키마우스를 75년간 보호할 수 있게끔
법을 바꾼다. 다시 미키마우스의 저작권 만료일이 다가오자
디즈니는 디즈니 정치 활동 위원회를 출범한다. 저작권 보호

기간은 75년에서 95년으로 연장됐다. 정치 로비 캠페인에만 14만 9612달러를 지출했다. '미키마우스 보호법'이라는 별명으로 불린 법안의 발의자 25명 중 19명이 당시 디즈니 CEO였던 마이클 아이스너로부터 직접 돈을 받았다.

저작권 만료

끝나지 않을 것 같던 95년이 지났다. 저작권이 만료된 경우, 누구나 해당 작품, 캐릭터를 공유하거나 개조하거나 활용할 수 있게 된다. 캐릭터를 파는 기업으로서는 불안한 요소다. 그저 돈과 관련한 문제는 아니다. 디즈니의 전통과 세계관을 압축하고 있던 얼굴이 다양한 이야기와 서사에 흡수된다. 이미 디즈니는 1971년, 미키마우스를 비롯한 디즈니 캐릭터가 마약, 성적 행위 등에 참여하는 내용의 언더그라운드 만화 〈Air Pirates Funnies〉를 저작권 침해로 고소한 바 있다. 저작권은 단순히 캐릭터를 사용할 수 있는가, 없는가의 문제가 아니다. 디즈니라는 이름과 얼굴로 쌓아 왔던 캐릭터의 레거시가 '오염되는가'의 문제다.

미키마우스의 얼굴

미키마우스는 월트 디즈니가 표현하고자 했던 행복, 재미,
꿈, 가족을 모두 묶는 구심점 역할을 해왔다. 모험을 떠나고,
장애물을 극복해 가는 반복된 성장 서사는 미키마우스, 월트
디즈니가 '아이들과 가족의 친구'라는 이미지를 공고히 했다.
물론 이런 이미지만 덧씌워진 것은 아니다. 미키마우스는
1920년대의 디즈니가 갖던 보수적 정치색을 떠올리게도,
문화 전쟁의 주인공이라는 복잡한 사연을 가리키기도 한다.
화려한 테마파크 퍼레이드에 등장하는 거대한 미키마우스는
스펙터클을 자랑하는 자본력을 하나의 얼굴로 응축하기도
한다. 디즈니의 품 안에만 안긴 미키마우스는 새로운
에너지를 얻기 어렵다. 퍼블릭 도메인은 미키마우스에게도,
디즈니에게도 새로운 기회다.

퍼블릭 도메인

창작은 오염 속에서 태어난다. 저작권의 핵심도 그와 맞닿아
있다. 학문 장려라는 초기의 목표처럼, 저작 권리의 핵심은
이후의 창작을 도모하는 데 있다. 저작자가 창의력을 발휘해

작품을 만들면, 법은 그를 보호해 창작자가 창작 의지를
잃지 않게 한다. 퍼블릭 도메인은 누구든지, 어떤 방법으로,
어떤 목적으로도 사용할 수 있는 저작물이다. 시간이 흘러
해당 저작물이 퍼블릭 도메인이 된다면, 미래의 작가들은
과거의 유산을 활용해 새로운 작품을 만들어 나간다. 그런
점에서 퍼블릭 도메인은 저작권의 핵심에 닿아 있다. 퍼블릭
도메인이 아니라면 셰익스피어의 서사 구조를, 천일야화의
매력적인 캐릭터를 사용할 수 없다. 로미오와 줄리엣을
차용한 〈웨스트 사이드 스토리〉도, 천일야화를 각색한
〈알라딘〉도 출현할 수 없는 셈이다.

곰돌이 푸

미키마우스보다 2년 먼저 퍼블릭 도메인에 진입한 디즈니
캐릭터가 있다. 곰돌이 푸다. 배우 라이언 레이놀즈는 2022년
퍼블릭 도메인의 날을 맞아 자신의 휴대 전화 기업 '민트
모바일' 광고에 곰돌이 푸를 사용했다. 지속 가능한 화장지를
만드는 기업 'Who Gives A Crap'은 삼림 벌채로 인해 터전을
잃은 푸의 이야기를 전자책으로 전하며 기업의 미션을
알렸다. 2023년 개봉한 영화 〈곰돌이 푸: 피와 꿀〉은 어릴 적

친구로부터 버림받은 곰돌이 푸와 피글렛이 잔혹한 복수를 시작하는 내용을 담은 영화다. 혹평뿐이었지만, 무엇이 좋은 재창작인지에 대한 담론이 이어졌다. 다양한 오염과 수많은 시행착오 사이에서 과거의 캐릭터는 새로운 생명력을 얻는다. 퍼블릭 도메인 속 푸는 꿀을 좋아하는 노란 곰, 그 이상이다.

리믹스라는 특권

창작의 에너지는 허허벌판에서 나오지 않는다. 저작권법의 핵심이 저작물을 울타리 안에 가두는 것이 아닌, 적정한 선을 찾아 그들을 놓아주는 것에 있는 이유다. 디즈니는 이를 가장 잘 활용한 기업 중 하나다. 〈겨울왕국〉은 안데르센의 《눈의 여왕》에서, 〈라이온 킹〉은 셰익스피어의 《햄릿》에서 시작됐다. 미키마우스가, 곰돌이 푸가 다음 세대의 안데르센과 셰익스피어가 된다면 어떨까. 미국의 법학자이자 정치 운동가인 로렌스 레식(Lawrence Lessig)은 퍼블릭 도메인이 '읽기'라는 과거의 창작 문법에서 벗어나 '읽기와 쓰기'라는 새로운 가능성으로 나아가는 길목이라고 봤다. 오염과 리믹스는 이제야 누릴 수 있게 된 특권이다. 우리는 지금껏 이 소중한 권리를 좁은 법망 안에 가둬 왔을지 모른다.

일본의 철학자 아즈마 히로키는 1980년대 일본의 오타쿠
문화가 미국을 일본화하려는 시도였으며, 패전의 트라우마와
고도성장이라는 상반된 배경 아래 일본적인 것을 찾으려는
움직임이었다고 해석했다. 퍼블릭 도메인은 과거와 현재를
잇는 시도다. 2차 창작과 리믹스 방식을 통해 지금의
표현과 해석이 과거와는 어떻게 달라졌는지를 가늠할 수
있다. 우리는 로알드 달의 올바르지 않은 표현을 무작정
삭제하기보다, 지금에 맞는 로알드 달의 서사를 새로이 만들
수 있다. 그게 창작이고, 존중이다.

미키마우스의 시작을 알린 원조 미키마우스는 우리에게
어떠한 모습으로 다시 돌아오게 될까? 그것은 잔혹한
푸의 모습을 하고 있을지도, 혹은 다양한 정치적 에너지를
간직할지도 모른다. 분명한 건 성역이었던 미키마우스가
창작의 에너지로 오염된다는 점이다. 월트 디즈니의 품에서
독립한 미키마우스는 무엇이든 될 수 있다. 상상이 허락된
퍼블릭 도메인 안에서, 다음 세대의 미키마우스가 꿈틀댈
것이다.

연예인 마약 수사의 소비 과정

1월 12일 문화예술인들이 고 이선균 배우 사망 사건과 관련해 진상 규명을 촉구하는 기자 회견을 열었다. 감독 봉준호, 가수 윤종신, 배우 최덕문 등이 모여 〈고 이선균 배우의 죽음을 마주하는 문화예술인들의 요구〉라는 성명을 냈다. 이번 사건 관련 수사 당국의 철저한 진상 규명, 보도 윤리에 어긋난 기사 삭제, 문화예술인 인권 보호를 위한 법령 개정 등을 요구했다. 신아람이 썼다.

WHY NOW

이번 사건으로 우리가 마약과의 전쟁에서 승리한 것은 아니다. 다만, 알게 된 사실이 있다. 이번 사건의 양상을 살펴보면, 두 가지 숙제가 보인다. 첫 번째는 도파민에 중독된 시대의 폐해다. 가십의 생산자도, 소비자도 한껏 독해졌다. 두 번째는 마약 문제의 심각성을 알고 있으면서도 제대로 대응하지 못하는 수사 당국의 시스템이다. 이걸 해결하지 못하면 우리는 마약과의 전쟁을 영원히 끝낼 수 없다.

3개월간의 보도 일지

첫 보도는 2023년 10월 19일이었다. '배우 L 씨' 관련 내사가 진행 중이라는 소식이었다. 마약이라고 했다. 경찰의 내사 단계부터 사건 소식이 새어 나오는 것도 이례적일뿐더러, 일명 '지라시'를 통해 그날 오후 꽤 많은 사람이 '이선균'이라는 이름을 접하게 되었다. 첫 보도 나흘 만에 이선균 씨는 피의자 신분으로 전환됐다. 이후 보도는 이 씨의 사생활, '제보자'라고 알려졌다가 결국 '공갈 협박' 혐의를 받게 된 A 씨의 진술 위주로 촘촘히 이어졌다. 사건이 등장한 이후 배우 이름과

'마약'이 함께 등장한 기사의 수는 만 건이 넘는다.

언론

그 기간에 증거는 나오지 않았다. 체모와 소변을 통한 검사 결과는 모두 음성이거나 판정 불가였다. 하지만 보도는 멈추지 않았다. 정점을 찍은 것은 KBS에서 공개한 이 씨와 A 씨의 전화 통화다. 사적인 내용이었다. 사건의 전모를 밝힐만한 명확한 내용도 없었다. "두 사람의 관계를 추정할 수 있는 내용"이라는 설명을 붙였지만, KBS 보도국이 해당 리포트를 승인하면서 과연 '공익성'에 근거한 판단을 했을지는 의문이다. 모방 범죄나 인권 침해 등의 우려에도 불구하고, 언론의 범죄 보도는 정당화한다. 그 근거가 바로 공익성이다. 해당 범죄를 알려 경각심을 키우고, 재발을 막기 위한 사회적 논의에 불을 붙인다. 이선균 씨 사건을 보도한 수많은 기사 중 몇 건이 공익성에 근거한, 정당한 보도였을까.

YouTube

이런 언론의 보도 행태를 보며 '유튜브 가십 채널보다 나은

것이 무언지' 질문하게 되는 것은 당연한 수순이다. 시선을
유튜브로 돌리면 '공익'과 '정당'이라는 단어를 언급하는
것조차 사치스러워진다. 고인의 통화 녹취는 더욱 여과
없이 공개됐고, 추측에 근거한 이야기나 뜬소문을 전하는
콘텐츠도 끊이지 않았다. 레거시 언론은 이런 유튜브 채널과,
'사이버 렉카'와 경쟁하고 있다. 이제 신문과 방송은 전통적인
수익원에만 기대어 운영할 수 없다. 유튜브에서, 포털에서
클릭을 한 번이라도 더 받아야 회사가 운영된다. 특히,
유튜브를 통한 뉴스 소비가 압도적인 상황에서 '유튜브에서
살아남기'는 언론사의 지상 과제다.

도파민

인류가 가십을 사랑하지 않았던 적은 없었다. 은밀하고
상식을 벗어난 이야기는 재미있다. 더 듣고 싶고, 더 상상하고
싶다. 그런데 요즘의 양상은 좀 다르다. 아무리 가십이라
해도, 맥락과 스토리는 실종된 채 심상만 남는다. 그리고
그것은 일종의 '자극'으로 소비될 뿐이다. 특이점이 왔다고
해도 과언이 아니다. '숏폼' 콘텐츠와 스마트폰 때문이다.
유튜브 시청자 뷰(view)의 88퍼센트 이상이 쇼츠라는 분석을

굳이 들여다보지 않아도, 출근길 대중교통 안에서 사람들이 숏폼 동영상에 시선을 빼앗기고 있는 장면을 어렵지 않게 볼 수 있다. 스토리가 아니라 자극을 흡수하는 시대다. 배우 이선균을 둘러싼 가십은 그 자극을 만들어 내기에 너무나 적절한 소재였다.

수사 당국

그렇다면 그 많은 심상을 만들어 냈던 이번 수사는 '마약과의 전쟁'에서 어느 정도의 성과를 거두었나. 결과물은 없다. 이선균 씨와 함께 수사 대상에 올랐던 권지용 씨도 혐의를 벗었다. 이것은 무능인가. 그렇게 단정하기는 어렵다는 것이 전문가들의 판단이다. 마약 수사는 어렵다. 투약은 은밀하게 이루어지고, 증거는 당사자의 몸 안에만 남는다. 제보에 의존해 수사가 개시되다 보니 과도하다 싶을 정도로 여러 차례 검사가 이루어지기도 한다. 또한, 법정에서 조금이라도 가벼운 처벌을 받기 위해 허위로 공범을 제보하는 경우도 비일비재하다. 마약 투약 사건의 경우 용서를 구하거나 합의할 피해자가 없다. 재판에서 너그러운 판결을 받으려면 '중요한 수사 협조'에 해당하는 무언가를 하는 방법뿐이다.

이중적 시선

그러나 수사 당국에 면죄부를 쉽게 줄 수 있을지는 의문이다.
'무리한 것 아니었는지' 묻게 되기 때문이다. 애매한 의혹
말고, 나온 사실만 놓고 봐도 그렇다. 강남에서 일어난
사건을 인천경찰서에서 맡았다. 세 차례 공개 소환에서
기자들에게 출석 시각이 공지됐다. 피의 사실이 특정되지
않았는데 폴리스 라인에 섰고, 플래시를 맞았다. 어떻게
그런 일이 아무렇지도 않게 벌어졌나. 그 과정에 문제가
있는 것 아니냐는 의문을 가진 사람은 너무 적었다. 그가
'연예인'이었기 때문이다. 연예인은 독특한 존재다. 일반인도
아니며 권력자도 아니다. 사랑받는 순간에는 모든 것을
다 가진 존재처럼 보이지만, 관심에서 벗어난 순간에는
일반인이다. 배우 이선균이 폴리스 라인에 섰을 때, 그는
일반인이었나, 공인이었나. 물론, 이 질문은 너무 늦었다.

마약과의 전쟁

정부는 마약과의 전쟁 중이다. 전쟁을 벌일 만하다. 이미
미국은 펜타닐로 홍역을 치르고 있고, 우리나라도 작년

초부터 10월까지 단속된 마약 사범만 2만 2000여 명에 달한다. 다만, 전쟁의 목적이 무엇인지 돌아볼 필요가 있다. 마약을 뿌리 뽑고자 하는 목적이라면, 투약자에 대한 악마화, 사회적 낙인이 정말 옳은 방법이냐는 것이다. 마약 투약은 범죄다. 그러나 중독은 질병이기도 하다. 치료해야 범죄가 멈춘다. 그다음 이들이 사회로 잘 복귀해야 마약과의 전쟁에서 이겼다고 할 수 있을 것이다. 제보에 의존해 투약 사범들을 줄줄이 엮어 검거하면, 그것이 실적이 될 뿐인 시스템이다. 정말 전쟁에서 이길 수 있을까. 2022년 기준으로 치료 기회를 얻은 약물 중독자는 전체 검거 인원의 2.5퍼센트였다.

IT MATTERS

사석에서 우연히 만난 한 배우가 이런 말을 했다. "왜 배우는 잘못을 저지른 후 생업에 복귀할 수 없는지 묻고 싶다"는 것이었다. 배우 이선균에 관한 보도가 나오고 며칠 되지 않았던 때의 일이다. 당시에는 흘려들었다. 고개를 주억거렸지만, 깊이 생각하지 않았다. 그리고 이 씨가 폴리스 라인에 세 번째 섰던 날 문득 생각했다. 주유소를 운영하던 사람이라면, 부동산 개발업자였다면 그렇게 폴리스 라인에 몇 차례나 섰을까.

배우 이선균은 좋은 작품을 여럿 남겼다. 그리고 우리가 해결해야 할 숙제도 남겼다. 비극이다. 이 비극이 애도로만 끝난다면 우리는 무거운 기회를 놓쳐 버린다. 그래서는 안 된다고 요구하고, 이래도 되는지 자문할 책임이 이 시대의 시민에게 있다.

A24는 어떻게 할리우드 최고의 제작사가 됐을까?

한국계 감독과 배우들이 활약한 넷플릭스 드라마 〈성난
사람들(원제 BEEF)〉이 1월 15일 에미상 시상식에서 작품상,
감독상을 비롯해 8관왕을 차지했다. 〈성난 사람들〉은 앞서
지난 7일 열린 골든 글로브 시상식에서도 3관왕에 올랐다.
이어 14일 북미 비평가가 수여하는 크리틱스 초이스에서도
작품상, 남우주연상, 여우주연상, 여우조연상을 받으며
4관왕을 차지했다. 이연대가 썼다.

〈성난 사람들〉의 제작사는 A24다. 영화 〈미나리〉, 〈문라이트〉, 〈에브리씽 에브리웨어 올 앳 원스〉 등을 제작한 독립 영화사다. A24는 지금 할리우드에서 가장 핫한 제작사다. 독특한 인디 영화와 예술 영화를 상업적으로 연달아 성공시켰고, 평단의 찬사를 받고, 강력한 팬덤을 보유하고 있다. 설립 10년 만에 회사 가치는 25억 달러까지 올랐다. A24는 마블의 홍수 속에서 어떻게 할리우드의 독보적인 제작사가 됐을까.

〈성난 사람들〉 포스터. 한국계 노동자와 중국계 이민자가 마트 주차장에서 차를 빼다가 시비가 붙으면서 벌어지는 소동을 다룬 드라마다. 사진: IMDb

틈새 공략

A24는 이탈리아 로마와 테라모를 연결하는 고속 도로의
이름이다. 2012년 구겐하임 파트너스에서 영화 부문
투자자로 일하던 다니엘 카츠는 이 길에서 사업 아이디어를
떠올렸다. 1993년 영화 흥행 순위 20위 중 두 개가 속편이나
리메이크, 스핀오프, 프리퀄이었다. 2013년이 되면 14개로
급증한다. 영화 산업의 규모가 커지면서 흥행이 불확실한
오리지널 IP보다는 실패하지 않는 시리즈 영화를 만든
것이다. 카츠는 여기서 기회를 발견했다. 대형 제작사가
독창적인 영화를 만들지 않는다고 해서 관객이 그런 영화를
좋아하지 않는다는 건 아니다. 카츠는 독립 영화사를 설립한
경험이 있는 데이비드 펜켈, 영화 〈리틀 미스 선샤인〉
제작을 주도한 존 호지스와 함께 2012년 미국 뉴욕에 A24를
설립한다.

스타트업의 문화 + 보수적인 재무 전략

A24는 할리우드의 전통적인 영화사라기보다 스타트업에
가깝다. 직원들은 회사 지분을 갖고 있고, 회사는 수평적으로

운영된다. 뉴욕 본사에는 아무도 개인 사무실이 없다. 모두 개방된 홀에서 함께 일한다. 지위와 관계없이 팀원들이 아이디어를 공유하기 위해서다. 조직 문화는 개방적인데, 재무 전략은 보수적이다. 한 프로젝트에 거액을 투입하지 않고 여러 프로젝트에 소액을 베팅한다. A24는 영화 배급사로 시작했다. 영화 제작에는 막대한 자금이 들어가기 때문에 몇 번만 실패해도 회사가 망한다. 그래서 회사 설립 초기에는 큰 위험 없이 적당한 수익을 올릴 수 있는 배급에 집중했다. 영화제를 찾아다니며 유망한 영화의 판권을 구입하고 마케팅했다.

제한된 자원으로 경쟁이 적은 영역을 선점

A24는 텔레비전 광고를 하지 않았다. 홍보비가 부족했기 때문이다. 대신 A24는 인터넷을 선도적으로 활용했다. 2012년만 해도 소셜 미디어는 영화사의 주력 마케팅 채널이 아니었다. A24는 2013년 500만 달러를 투자한 〈스프링 브레이커스〉를 개봉해 3000만 달러를 벌었는데, 흥행에 페이스북 홍보가 한몫했다. 레오나르도 다빈치의 〈최후의 만찬〉을 연상하게 하는 홍보 이미지를 페이스북에 올려

1억 7400만 회 노출시켰고 60만 개의 '좋아요'를 받았다.
2015년 〈엑스 마키나〉를 홍보할 때는 영화 속 휴머노이드
로봇의 이미지로 가짜 틴더 계정을 만들었다. 주류 언론이
기사화하면서 화제가 됐다. 이 영화 역시 투자금 두 배 이상의
수익을 올렸다.

위험을 헷지하는 투자 전략

2016년 A24는 영화 배급을 넘어 제작에 도전한다. 그해
〈문라이트〉를 제작한다. 엄마가 마약 중독자인 흑인 게이
소년 이야기다. 감독은 할리우드 경력이 없고 생계유지를
위해 목수로 일하던 사람이었다. 할리우드의 평범한
제작사라면 모두가 꺼릴 주제와 감독이었는데, A24는 첫
작품으로 낙점한다. 결과는 대성공이었다. '문라이트'는
400만 달러를 써서 6500만 달러를 벌었다. 2017년 아카데미
시상식에서 작품상을 받았다. 2022년에는 〈에브리씽
에브리웨어 올 앳 원스〉로 아카데미 7관왕에 올랐는데, 이
작품 역시 2500만 달러를 투자해 1억 4000만 달러를 벌었다.
A24는 연간 18편 정도를 제작한다. 영화 한 편당 투자 금액은
1500~2000만 달러로, 할리우드 평균인 6500만 달러보다

훨씬 적다. 대형 스튜디오는 막대한 제작비를 회수하기
위해 거의 모든 영화를 성공시켜야 하지만, A24는 한두 편만
흥행작으로 만들어도 한 해 예산을 조달할 수 있다.

마블의 대척점, 다양성

이렇게 여러 영화에 저예산을 투입하는 보수적인 재무 전략
덕분에 다양성과 창의성 측면에서는 오히려 위험을 감수할 수
있다. 쉽게 말해 한두 편 망해도 큰 타격은 없으니 감독이 하고
싶은 대로 하게 내버려둔다. 회사 설립 초기부터 공동 창업자
셋은 대담하고 독창적인 생각을 가진 특이한 작가를 찾기로
했다. 그들은 남다른 관점을 가진 재능 있는 창작자들이라면
할리우드의 진부한 속편에 질린 젊은 관객에게 어필할
수 있다고 믿었다. 다른 제작사들은 감독의 창작 본능을
억제하려는 경우가 많지만, A24는 정반대의 전략을 택했다.
오히려 그 창작 본능, 또는 창작의 뿌리에 의존한다. 그렇지
않고서야 흑인 게이 소년의 성장기, 세탁소를 운영하는
중국계 미국인 중년 여성의 이야기 같은 영화가 나올 수 없다.
창작자의 내밀한 이야기가 영상에 고스란히 담기면서 A24
영화의 관객은 전통적인 예술 영화 애호가에서 훨씬 더 넓은

전 세계 인구 집단으로 확대될 수 있었다.

강력한 브랜딩과 팬덤 이코노미

많은 사람이 스스로 영화광이라고 생각한다. 그러나 자신을
워너 브라더스의 팬, 유니버설 스튜디오의 팬이라고 말하는
사람은 없다. A24는 예외다. 영화나 캐릭터가 아니라 영화사
팬덤이 존재한다. A24는 다른 스튜디오와 달리 자기만의
색깔이 뚜렷하다. A24는 영화를 고르고 감독을 고를 때
그들만의 취향이 있다. 할리우드 경력이 없어도 하고
싶은 이야기가 분명하게 있는 감독을 선택한다. 영화를
보고 제작사를 알아맞힐 수 있을 정도다. 다른 말로 하면
브랜딩이다. A24는 강력한 브랜딩과 팬덤을 바탕으로 사업
영역을 확장하고 있다. 본업은 여전히 영화 스튜디오지만,
최근 몇 년 사이 텔레비전, 다큐멘터리, 음악, 출판, 팟캐스트,
숍, 물리적 경험까지 영역을 확대하고 있다. 팬들은 A24의
영화뿐만 아니라 티셔츠를 기꺼이 산다.

안정적인 수입 확보를 위한 멤버십

영화 사업이 도박에 가까운 이유는 결과를 예상할 수 없기 때문이다. 뭐가 흥행하고 뭐가 실패할지 정확히 예측할 수 있는 사람은 없다. A24는 이 불안정한 비즈니스를 통제 가능하게 만들고 있다. A24는 2022년 멤버십 서비스를 출시해 안정적인 수익원을 추가했다. 한 달에 5달러를 내면 'A24 All Access(AAA24)' 멤버가 될 수 있다. 멤버가 되면 계간지를 보내 주고, 무료 영화 티켓, 굿즈 할인 혜택, 한정판 상품 접근 권한 등을 준다. 회원 수는 공개되지 않았는데, 인스타그램 팔로워 225만 명 중 5퍼센트만 멤버십으로 전환해도 연간 수익이 675만 달러다. 소규모지만 안정적인 수익원이 될 수 있다. 물론 A24의 멤버십 서비스가 넷플릭스처럼 성장할 수는 없다. 그건 A24도 기대하는 바가 아니다. A24는 멤버십으로 영화 티켓을 판매하려는 게 아니라 관객과 직접적인 관계를 구축하려 한다. 멤버십 전용 앱에서 새 프로젝트를 미리 엿보고, 감독 인터뷰 같은 독점 콘텐츠를 볼 수 있다. 매개 없이 스튜디오와 팬이 직접 소통할 수 있다.

2022년 A24는 2억 2500만 달러의 투자를 유치했다. 당시 A24의 가치는 25억 달러로 평가됐다. 설립 10년 만에 아카데미 시상식을 휩쓸고 가치가 3조 원이 넘는 회사가 됐지만, 시가 총액 1654억 달러인 디즈니에 비하면 아직 구멍가게 수준이다. 그래서 A24는 다음 단계로 나아가고 있다. 최근 보도에 따르면 A24는 "캐릭터, 작가 중심의 드라마를 강조하지 않는" 새로운 전략의 일환으로 액션과 대형 IP 프로젝트에 투자를 검토하고 있다. 실제로 올해 상반기 개봉 예정인 〈시빌 워〉는 7500만 달러의 제작비가 투입돼 A24 역대 최고 제작비를 기록했다. 즉 A24는 저예산 예술 영화를 만드는 독립 영화사에 머무르지 않고 '대형 부티크'가 되고자 한다.

A24의 덩치를 단숨에 키울 수 있는 전략이지만, A24에 열광했던 팬들에겐 실망스러운 소식이었다. 그러나 아직 기대할 부분은 그 대형 IP를 만드는 곳이 A24라는 점이다. A24는 창작자의 가치를 옹호하는 데 핵심 비즈니스 모델을 두고 있다. 창작자들이 열광할 수밖에 없는 환경이다. 실제로 2023년 미국 작가 조합 파업에서 작가 조합이 파업을 하지

않은 유일한 제작사가 A24였다. A24는 창의력과 비즈니스 통찰을 결합해 핵심 사업에서 성공을 거두고, 인접 시장으로 제품을 다각화해 왔다. 그 중심에는 창업 초기처럼 여전히 창의적인 인재가 있다. 전 세계에서 14억 달러를 벌어들인 상업 영화 〈바비〉를 연출한 그레타 거윅도 A24에서 감독 데뷔를 했다. A24가 창업 미션을 잊지 않는다면 할리우드 블록버스터의 공식을 깨고 '예술적인' 블록버스터를 만들 수 있을지도 모른다.

영끌 담론에 갇힌 청년 세대

올겨울, '영끌'이 다시 화두다. 정확히는 빚내서 집 산 2030을 걱정하는 기사가 쏟아진다. 아파트 가격은 하락세에 금리는 높아졌으니, 상황이 안 좋아진 것은 맞다. 정부가 나섰다. 금융 당국은 최근 청년들이 위험한 금융 행태를 보인다며 금융 교육을 확대하겠다는 계획을 내놨고, 더 이상 갚을 수 없는 빚을 낼 수 없게 하겠다며 '스트레스 금리' 도입도 예고했다. 신아람이 썼다.

언론과 정부의 시각은 공고하다. '영끌'을 선택하는 청년
세대가 무책임하다는 것이다. 그래서 교육하고 제한한다.
정작 무책임한 것은 언론과 정부다. 청년 세대를 '영끌'과
'빚투' 담론에 가둬 버렸다.

2030 영끌족의 최후?

20대 열 명 중 여섯 명이 빚쟁이로 사회생활을 시작한다.
그리고 그 빚은 줄지 않고 늘어난다. 청년 세대가 무리하게
대출을 받아 집을 샀기 때문이라는 분석이 나온다. 실제로
연령별 주택 담보 대출 연체율을 보면 20대 이하가
압도적으로 1위다. 특정 단지의 아파트 가격이 하락하면
'영끌'로 집을 산 청년층이 고금리를 이기지 못하고 헐값에
집을 내놓았기 때문이라는 논리도 설득력을 얻는다.

일하지 않는 젊은이

청년이 집을 사는데, 왜 이렇게 시선이 곱지 않은 것일까. 젊은

나이에 열심히 일 안 하고 투자해서 돈 벌려 한다는 시선이 그 기저에 깔려 있기 때문이다. 한 보수지는 "MZ에게 부동산은 '변동성 높은 금융 상품'"일 뿐이라고 지적한다. 미국발 금리 인하 소식에 벌써부터 '빚투' 열풍이 다시 불어올까, 걱정하는 사설도 나왔다. 실제로 경제적으로 '망한' 청년의 숫자는 증가 추세다. 2023년 상반기, 법원에 개인 회생을 신청한 사람 중 20대의 비율은 16.8퍼센트를 기록했다.

사실과 다르다

그런데 더 구체적인 통계를 들여다보면 상황은 정반대다. 개인 회생을 신청한 20대 중 투자 목적으로 첫 대출을 받은 비율은 7퍼센트에 불과했다. 그렇다면 이들을 처음 빚의 굴레로 끌어들인 원인은 무엇이었을까. 생활고다. 42퍼센트가 생활비를 마련하기 위해 첫 대출을 받았다. 당연한 결과다. 20대는 시간이 지남에 따라 소득이 줄어드는, 유일한 세대다.

20대, 자립의 조건

한국에서 20대로 살기란 쉽지 않다. 특히, 부모에게서 독립해 경제적으로 자립했다면 더욱 그렇다. 단순히 돈이 많고 적고의 문제는 아니다. 그들에게는 어제보다 내일이 더 암울하기 때문이다. 숫자가 증명한다. 통계청 조사에 따르면 전 세대 통틀어 20대 이하 가구주의 소득만 줄어들었다. 2018년 대비 2021년도의 추이를 조사한 결과다. 같은 기간 동안 20대 가구주는 빚도 늘었다. 빚을 진 비율은 50퍼센트에서 60퍼센트로, 금액은 평균 2500만 원에서 5000만 원으로 늘었다. 두 배다. 손에 쥐고 있는 돈도 없다. 이들의 자산 중 70퍼센트 이상이 전세 및 월세 보증금에 묶여 있다.

실업자가 없다는데

20대의 삶은 원래 이렇게 힘들기만 할까. 아니다. 고용 환경이 급변해서 그렇다. 우리나라 청년 실업률은 2023년 9월 기준으로 5퍼센트대다. 이례적으로 낮은 수치다. 윤 대통령도 신년사에서 핵심 취업 연령대인 20대 후반 청년 고용률이 지난해 평균 72.3퍼센트로, 역대 최고 수준을 기록했다고 언급했다. 그런데 이 통계를 그냥 봐선 안 된다. 취업을 위해 졸업을 미뤘다면 실업자가 아니다. 구직 활동에 지쳐 잠시

쉬고 있다면 실업자가 아니다. 취업을 희망했지만, 뜻대로 되지 않아 어쩔 수 없이 1인 커피숍이라도 시작했다면 실업자가 아니다. 현실은 다른 통계를 같이 봐야 있다. 지난 2023년 11월 기준 청년 취업자 수는 13개월째 감소했다. 실업 통계에 잡히지 않는 '그냥 쉬는' 20대 이하 청년층도 40만 명을 넘어선다.

신입인데 경력은 있는

'중고 신입'의 시대, 기업은 더 이상 신입 사원 공채를 시행하지 않는다. 한 취업 정보 플랫폼에 따르면 지난해 대졸 신입 사원을 한 명이라도 채용한 회사의 비율은 68퍼센트였다. 경력직을 선호한다는 얘기다. '중산층 사다리'에 해당하는 대기업은 특히 힘들어졌다. 채용 규모가 대폭 줄어든 곳이 많았다. 신입을 뽑아도 다섯 명 중 한 명은 직무 경험이 있는데도 신입 사원으로 지원한 경우다. 청년들은 알고 있다. 깨끗한 이력서로는 어디도 합격할 수 없다. 그래서 스스로 돈과 시간을 들여 경력을 만든다. 기업이 담당했던 직무 교육 비용이 취준생에게 전가되는 현상이다.

제너레이션 렌트

그렇다면 언론과 정부가 걱정하는 '영끌'과 '빚투'에 뛰어든
청년들은 다 어디 있을까. 여기, 우리 사회에 함께 있다.
지옥고(반지하, 옥탑방, 고시원)에서 컵밥으로 끼니를
해결하며 원서 쓰기에 바쁜 청년과 갭투자에 뛰어들어
천당과 지옥을 오가는 청년은 동시대를 함께 살고 있다.
그리고 자신의 소득은 물론 부모의 자산까지 충분해 영끌도,
빚투도 필요 없는 청년 또한 우리 시대의 청년이다. 그래서
'청년 세대가 영끌하고 빚투한다'는 말은 틀렸다. 그리고
나쁘다. 그 말이 지옥고의 청년 세대를 가려 버리기 때문이다.
Z세대는 없다. 지금, 한국 사회에는 잠재적 제너레이션
렌트(Generation Rent, 평생 세입자로 사는 세대)가 있을
뿐이다. 누군가는 그 이름표를 떼기 위해 영끌하고, 누군가는
그러지 못한다.

IT MATTERS

담론은 실제 존재하는 사회 집단을 쉬이 배제한다. 그리고
담론이 드러낸 특정 사회 집단을 향한 정책을 촉구한다.

올해 새롭게 선보이는 대표적인 비과세 정책이 대표적이다. 주식을 50억 원 미만 보유한 투자자는 양도세를 면제받는다. 신혼부부 대상 최대 3억 원까지 증여세가 면제된다. 취업에 성공해 월급을 받게 되면 소득세는 꼬박꼬박 내야 한다. 출발선은 다를 수 있다. 경기장은 과연 평평한가.

열심히 일하고 싶어도 일자리는 없고, 취업에 성공해도 앞선 사람들과 격차는 더 벌어진다. 지옥고를 벗어날 방법이 없다. 그런데 '영끌'은 무책임하다. 결국 제너레이션 렌트로 남으란 얘기다. 이런 환경은 우리 사회의 지속 가능성을 위협한다. 시그널은 이미 나타나고 있다. 중년 '캥거루족', 독립했지만 다시 부모 집으로 돌아오는 '리터루족(Return+kangaroo)'의 부상이 그것이다. 모범 답안은 없다. 다만 '좋은 담론'을 만들 수는 있다. 권력화한 담론이 아니라 실제 존재하는 사회 집단을 배제하지 않는 포용적 담론이다. 언제나 사건의 시작은 '이야기'이기 때문이다.

노후 자금이 반토막 났다

홍콩H지수가 추락하며 ELS 손실이 커지고 있다. 1월 21일 은행권에 따르면 국내 5대 은행(KB국민, 신한, 하나, 우리, NH농협은행)이 판매한 홍콩H지수 ELS가 올해 들어 1월 19일까지 2300억 원의 원금 손실을 확정했다. 1월 8일부터 첫 원금 손실이 확정됐는데, 11일 만에 2000억 원이 넘은 것이다. 손실률은 52.8퍼센트다. 여기서 끝이 아니다. 올해 상반기에 만기가 끝나는 ELS가 10조 원이 넘는다. 상반기에만 손실이 6조 원대까지 불어날 수 있다. 이연대가 썼다.

투자 피해자들은 은행이 원금 손실 위험을 충분히 알리지
않았다고 주장한다. 평생을 거래한 주거래 은행에서 예금,
적금보다 더 좋은 상품이 있다고 권유해서 가입했다는
것이다. 금융감독원은 은행이 투자자에게 투자 위험을 충분히
고지했는지 조사하고 있다. 사실상 사기당한 일부 투자자를
제외하고 투자자, 은행, 금융 당국 모두 책임에서 자유롭지
않다.

ELS 투자로 원금 손실을 본 투자자들이 1월 19일 서울 여의도 금융감독원
앞에서 시위를 벌이고 있다. 사진: Chris Jung, NurPhoto, Getty Images

안전해 보이는 도박

주식 투자는 잘하면 돈을 벌 수 있지만, 까닥하면 돈을 잃을
수 있다는 걸 알고 시작한다. ELS는 다르다. ELS는 예금처럼
안전하다고 생각하고 가입하는 경우가 많다. 그런데 따져
보면 ELS는 도박에 가깝다. 다만 돈을 잃을 확률이 낮아서
안전해 보일 뿐이다. 예를 들어 지금 삼성전자 주식이 1주에
8만 원이라고 가정해 보자. 3년 뒤 삼성전자 주식이 4만 원
밑으로 내려가지만 않으면 투자 원금을 그대로 돌려주고
예금 이자보다 더 높은 이자를 붙여서 주는 금융 상품이 있다.
삼성전자가 망할 일은 없으니, 은행에 예금 계좌를 개설하러
온 사람이라면 은행원의 권유에 솔깃할 수밖에 없다.

ELS

이게 ELS다. ELS는 ELS은 Equity(주가) Linked(연계)
Securities(증권)의 약자다. 말 그대로 주가에 연계한
증권이다. 특정 기초 자산의 가격에 연계되어 투자 수익이
결정되는 금융 파생 상품이다. 기초 자산을 뭘로 정하는지에
따라 지수형(코스피 지수, 홍콩H지수 등), 종목형(삼성전자,

네이버 등), 혼합형(지수와 종목의 혼합)으로 나뉜다.
상품마다 상환 조건이 다양한데, 만기 3년에 6개월마다 조기
상환 기회가 있는 게 일반적이다.

수익 구조

실제 상품은 이런 식이다. 2021년 7월 6일 주식 시장이 종료할
때의 지수와 가격을 기준으로 홍콩H지수, S&P500, 삼성전자,
이 세 가지 중에서 향후 3년간 어느 하나라도 50퍼센트 이상
하락하지 않으면 원금과 함께 연 4퍼센트의 이자를 지급한다.
여러 지수와 종목을 섞어 다양한 상품을 만들 수 있다. 이
상품은 2021년 6월 28일부터 7월 5일까지 100억 원 규모로
모집됐다. 만기는 3년이고, 6개월마다 최초 기준 가격보다
일정 수준만큼 떨어지지 않으면 약속된 수익률을 조기
상환한다.

2021년

ELS는 기초 자산의 가격이 일정 수준만큼 떨어지지 않아야
투자자가 수익을 올리는 구조라, 주식 시장이 절정일 때

가입하면 자칫 원금 손실을 볼 수 있다. 이런 고위험 상품에
고령의 일반 투자자들이 왜 가입했을까. 피해자들의 이야기는
비슷하다. 2021년 상반기에 주거래 은행의 부지점장이나
팀장이 예금, 적금보다 이자 수익률이 1~2퍼센트포인트
높은 상품이 있다고 권했다는 것이다. 원금 손실 위험이 있는
상품인지 모르고 가입한 사람도 있었고, 위험을 알았어도
"중국이 망하지 않는 한 손실이 없다"고 해서 가입한
사람도 있었다. 그래도 가입을 주저하면 은행원은 "나도
가입한 상품"이라며 투자자를 안심시켰다고 한다. 즉, 평소
오래 거래하던 시중 은행의 책임자가 추천하는 상품이라
위험을 제대로 인지하지 못하고 가입했다는 것이다. 그래서
피해자들은 은행의 불완전 판매를 주장하고 있다.

홍콩H지수

이번에 문제가 된 ELS는 홍콩H지수와 연계돼 있다.
홍콩H지수는 홍콩항셍중국기업지수(HSCEI)의 줄임말인데,
홍콩 증권거래소에 상장된 중국 국영 기업 중에서 우량
기업만 모아서 만든 지수다. 중국공상은행, 중국건설은행,
중국은행 같은 기업이 속해 있다. 언뜻 보기엔 안정적인 지수

같지만, 홍콩H지수는 미국과 중국의 갈등으로 인해 변동성이
심하다. 홍콩H지수는 2021년 2월 1만 2000선을 넘었지만,
그해 말 8000대까지 떨어졌다. 그리고 2024년 1월 현재
5100대까지 내려왔다. 2021년 홍콩H지수가 한창 높을 때
ELS에 1억 원을 투자했다면 3년 만기가 돌아오는 2024년에
약 4000만 원을 받게 된다.

만기

홍콩H지수가 고점이었던 2021년에 판매된 ELS의 만기가
돌아오고 있다. 지난해 11월 기준 홍콩H지수 ELS의 총 판매
잔액은 19조 3000억 원이었는데, 그중 약 80퍼센트인 15조
4000억 원의 만기가 올해 돌아온다. 3년 사이에 주가는
반토막이 났다. 일반 주식 투자였다면 주가가 오를 때까지
버텨 볼 수도 있겠지만, ELS는 만기가 있어 그럴 수도 없다.
홍콩H지수 ELS에 투자한 사람이 원금을 회수하려면 만기
전까지 홍콩H지수가 3년 전 수준으로 다시 올라야 한다.
그런데 미국과 중국의 경제 갈등, 중국 경제 둔화 등을
고려하면 지수가 급상승할 가능성이 크지 않다. 원금 손실이
예상된다.

은행 말을 믿었다가 노후 자금을 다 날렸다는 사람이 속출하고 있다. 금융감독원은 시중 은행이 ELS 상품을 팔 때 투자자들에게 원금 손실 위험이 있다는 걸 충분히 알렸는지 여부를 파악하고 있다. 불완전 판매가 입증될 경우, 판매사가 손실액 일부를 배상해야 할 수 있다. 은행들은 투자자의 자필 서명을 받고 녹취도 했다면서 금융소비자보호법상 절차를 지켜 판매했다는 입장이다. 그러나 투자자들이 은행에서 수십 장짜리 투자 설명서를 꼼꼼히 읽어 보고 가입했을지는 의문이다. 또한 은행이 투자 위험을 알렸다고 해도 전문 투자자가 아닌 일반 고령 투자자에게 고위험 상품을 권유한 것도 문제다.

IT MATTERS

이번 사태의 모든 책임이 은행에만 있는 건 아니다. 투자 위험성을 충분히 설명받지 못하고 가입한 사람을 제외하고는 투자자에게 1차 책임이 있다. 홍콩H지수 ELS 가입자는 10만 명인데, 그중 90퍼센트 이상이 ELS 재가입자다. 과거 ELS로 투자 수익을 올렸을 때는 문제 제기를 하지 않다가 원금 손실이 나자 불완전 판매를 주장하는 셈인데, 피해자들은 예금이나 적금 갱신처럼 생각했다는 입장이다. 이들에게 어느 정도의 비율로 배상을 할지가 쟁점이다.

금융 당국도 책임에서 자유롭지 않다. 2019년 독일 국채 금리와 연계한 파생결합펀드(DLF) 사태 때도 비슷한 일이 있었다. 당시 펀드를 판매한 측은 "독일 국채 금리가 −0.2퍼센트 밑으로 떨어진 적은 역사상 단 한 번도 없었다"며 상품을 팔았다. 그러다 독일 국채 금리가 −0.6퍼센트 이하로 떨어지면서 투자자들은 원금을 모두 잃었다. 당시 금감원은 은행의 고난도 금융 상품 신탁 판매를 금지했다. 은행은 예금 같은 원리금 보장 상품을 주로 취급하기 때문에 투자자가 오인할 수 있는 고위험 상품의 판매를 자제시킨 것이다. 그러나 은행권이 강하게 반발하면서 판매 한도 제한과 소비자 보호 조치 강화를 조건으로 파생 상품을 팔 수 있도록 했다. 그리고 4년 뒤 이번 ELS 사태가 일어났다.

피처

단편 소설처럼 잘 읽히는 피처 라이팅을 소개한다. 기사 한
편이 단편 소설 분량이다. 깊이 있는 정보 습득이 가능하다.
내러티브가 풍성해 읽는 재미가 있다. 정치와 경제부터
패션과 테크까지 고유한 관점과 통찰을 전달한다.

당신의 뇌는 컴퓨터가 아니다

뇌를 이해하려는 과학계의 노력에서 가장 중요한 전제는
'뇌는 컴퓨터처럼 작동한다'는 것이다. 정보를 입력하면
값을 산출하는 컴퓨터처럼, 뇌가 자극을 받으면 반응한다는
논리다. 동물학자인 저자는 이런 전제가 뇌에 대한 이해를
방해하고 있다고 주장한다. 뇌는 동시다발적으로 연결,
통합되는 복잡한 장기다. 무엇보다 뇌는 컴퓨터처럼 정보를
수동적으로 흡수하고 표현하는 기기가 아니다. 뇌는 가능성을
적극적으로 탐색하고, 정보를 구성한다. 뇌를 이해하는
첫걸음은 우리가 뇌를 제대로 이해하지 못하고 있다는 것을
인정하는 것이다. 그런 관점에서 인공지능 연구자들이 말하는
특이점은 수세기 안에는 도래하기 어렵다고 전망한다. 매튜
콥(Matthew Cobb)이 썼다. 매튜 콥은 영국 맨체스터대
동물학 교수다. 최혜윤이 번역했다. 최혜윤은 연세대학교
의과 대학에서 뇌와 행동을 연결시키는 뇌인지과학 분야를
연구하고 있다.

'컴퓨터로서의 뇌'는 수십 년간 신경 과학을 지배해
온 은유였다.

우리는 가장 거대한 과학적 노력이 이뤄지는 시대를 살아가고
있다. 우주에서 가장 복잡한 물체, 즉 뇌를 이해하고자 하는
시도다. 과학자들은 아주 작은 동물의 뇌에서 우리 인간의
뇌에 이르기까지 다양한 뇌의 구조와 기능에 대한 방대한
양의 데이터를 축적해 나가고 있다. 수만 명의 연구자들은
뇌가 무엇을 하는지를 밝혀내는 데에 엄청난 시간과 에너지를
쏟고 있다. 놀라운 신기술들은 우리가 뇌의 활동을 설명하고
관리할 수 있게 한다.

이제 우리는 생쥐가 한 번도 맡은 적이 없는 냄새를 기억하게
할 수 있고, 생쥐가 가진 나쁜 기억을 좋은 기억으로 바꿀 수
있으며, 전기 자극을 통해 사람들이 얼굴을 인식하는 방식을
바꿀 수도 있다. 우리는 인간을 비롯한 다양한 종들의 뇌에
대한 상세하고 복잡한 기능 지도를 그리고 있다. 특정 종에
한해서는 뇌의 구조를 바꿔 결과적으로 그 동물의 행동을
바꾸는 것도 가능하다. 뇌 연구 발전의 가장 심오한 성과 중
일부는 팔이 마비된 사람이 정신의 힘으로 로봇 팔을 제어할
수 있게 만드는 기술에서 찾을 수 있다.

우리는 마음 읽기, 범죄자 탐지, 혹은 컴퓨터 업로드 등
실현하기 어려운 일들을 가능하게 해줄 새로운 기술들의
가능성(혹은 이 기술들의 위협)과 더불어 뇌가 어떻게
작동하는지에 관한 새로운 발견들을 매일 접한다. 각기 다른
방식으로 뇌를 설명하는 서적들이 끊임없이 발간된다.
그러나 일부 신경 과학자들 사이에서는 우리가 앞으로 나아갈
방향이 명확하지 않다는 확신이 커지고 있다. 단순히 더
많은 데이터를 수집하거나 최신의 흥미로운 실험 접근법에
의존하는 것 외에는 우리가 어디로 가야 하는지를 알기는
어렵다. 독일의 신경 과학자 올라프 스폰스(Olaf Sporns)가
지적한 것처럼 "신경 과학에는 뇌의 데이터를 근본적인
지식과 이해로 전환하기 위한 이론적 체계나 원리의 조직화가
여전히 많이 부족한 상황이다." 수많은 연구 결과들이
축적되고 있음에도 불구하고, 우리의 뇌에 대한 이해는 교착
상태에 직면하고 있는 것으로 보인다.
2017년 프랑스의 신경 과학자 이브 프레낙(Yves Frégnac)은
고비용의 대규모 프로젝트를 통해 방대한 양의 데이터를
수집하는 현재의 경향에 주목하고, 이러한 데이터의 쓰나미는
신경 과학 연구의 병목 현상으로 이어지고 있다고 주장했다.
이는 그가 함축적으로 말했듯 "빅데이터는 지식이 아니기

때문이다."

"20~30년 전만 해도 정신(mind)과 관련된 과정에 대한 이해는 손에 금방 닿을 것처럼 충분했던 반면, 뇌의 신경 해부학적, 신경 생리학적 정보는 상대적으로 부족했다"고 프레낙은 썼다. "오늘날 우리는 정보의 홍수에 휩쓸리고 있다. 그리고 역설적으로 뇌에 대한 모든 방면의 보편적 이해가 모두 씻겨 나갈 위험에 처해 있다. 기술 장벽의 극복은 매번 뇌의 숨겨진 변수와 메커니즘, 비선형성을 드러내며 새로운 수준의 복잡성을 더하면서 판도라의 상자를 열고 있다."

신경 과학자 앤 처치랜드(Anne Churchland)와 래리 애벗(Larry Abbott) 또한 전 세계에서 만들어지고 있는 방대한 양의 데이터를 해석하는 어려움을 강조했다. "이렇게 마구 쏟아지는 데이터로부터 깊은 이해를 발견하기 위해서는 실험 기술의 정교하고 창의적인 적용 외에도 데이터 분석법의 상당한 진보와 이론적 개념, 모델의 강도 높은 적용이 필요하다."

뇌의 기능에 대한 이론적인 접근법들은 실제로 존재하고 있다. 인간의 뇌가 할 수 있는 가장 불가사의한 일인 의식의 생성에 대한 접근을 포함해서다. 그러나 이러한 이론적 접근의 틀 중 어느 것도 실험 조사를 거친 결정적 테스트를 통과하지 않았기 때문에 널리 받아들여지지는 않고 있다. 더 많은 이론에 대한 끊임없는 요구가 우리의 희망이 될 수도 있다. 뇌는 단일한 것이 아니기 때문에, 심지어 벌레의 뇌에서조차 뇌기능을 설명하는 단 하나의 이론은 있을 수 없다고 주장할 수 있다(과학자들에게는 뇌가 무엇인지 정확한 정의를 내리는 것조차 어려운 일이다).

DNA 이중 나선의 공동 발견자인 프란시스 크릭(Francis Crick)이 관찰한 대로 뇌는 진화의 매 순간에 새롭게 나타나 각기 다른 문제를 해결하기 위해 적응하며 통합, 진화된 구조체다. 뇌의 작동과 관련한 현재 우리의 이해는 극히 부분적이다. 예를 들어, 신경 과학에서 감각에 대한 연구는 대부분 시각 연구에 집중되어 있다. 이에 비해 후각에 대한 연구는 개념적으로나 기술적으로 훨씬 더 어렵기 때문이다. 그러나 후각과 시각이 작동하는 방식은 계산적, 구조적으로 다르다. 시각 연구에 집중함으로써 우리는 뇌가 감각에 대해 무엇을 어떻게 하는지에 대한 이해를 매우 제한적으로 발전시켜 왔다.

동시다발적으로 통합되고 구성되는 뇌 본연의 특성은 뇌의 이해에 대한 우리의 미래가 불가피하게 단편화돼 각기 다른 부분에 대한 다양한 설명으로 구성될 수 있음을 시사한다.

처치랜드와 애벗에 따르면 "우리가 뇌에 대한 보편적 이해에 도달하게 된다면, 이는 굉장히 다양한 조각들이 느슨하게 이어진 조각보와 같은 형태를 하고 있을 것이다."

뇌는 정보를 표현하는 것이 아니라 구성한다.

반세기가 넘게 다양한 조각들로 구성되어 온 뇌 연구는 뇌의 작동 과정이 컴퓨터의 작동 방식과 유사할 것이라는 생각의 틀 안에서 이루어졌다. 하지만 오랫동안 쓰였다는 것이 이 은유가 앞으로도 계속 유용하리라는 의미는 아니다. 디지털 시대의 초창기인 1951년, 신경 과학의 선구적 연구자인 칼 래슐리(Karl Lashley)는 그 어떤 기계 기반 은유에도 반대했다.

래슐리는 "데카르트는 왕실 정원의 수압 시스템의 형태에 깊은 인상을 받아 뇌의 작용에 대한 수력학적 이론을 발전시켰다"고 썼다. "우리는 전화 이론, 전기장 이론을 거쳐 이제 계산 기계와 자동 방향타를 기반으로 한 이론을 가지고 있다. 나는 우리가 연관성이 작은 물리적 유사성에 기반한 비유에 빠지는 것 보다 뇌 자체와 행동 현상을 연구함으로써 뇌가 어떻게 작동하는지에 대해 더 많이 알 수 있다고 생각한다."

은유에 대한 이러한 일축은 최근 프랑스의 신경 과학자인 로맹 브레트(Romain Brette)가 뇌기능에 대한 가장 기본적인 은유인 부호화(coding) 은유에 대해 문제를 제기하며 확장됐다. 신경 부호(neural code)라는 개념은 1920년대에 등장한 이래 지난 10년 동안 이 주제에 대해 1만 1000개 이상의 논문이 발표되었을 정도로 신경 과학계를 지배하고 있다. 브레트의 근본적인 비판은 이것이다. 뇌 연구자들이 코딩이라는 은유를 기반으로 뇌에 대해 고민하면서 의도치 않게 기술적 의미와 표상적 의미를 혼동했다는 것이다. 다시 말하면, 뇌에 가해지는 자극과 뉴런 활동 사이에 단순한 관찰로써 생기는 연관성을, 뉴런이 발송하는 코드가 자극을 대표하는 의미가 있다고 잘못 해석했다는 지적이다.

대부분의 신경 부호에 대한 설명에서 언급되지 않는 부분은 신경망 활동이 최적의 신호 해독 방법에 접근할 수 있는 이상적인 관찰자 혹은 해독자의 역할을 통해 제시된다는 것이다. 이 이상적인 해독자는 '하위 구조(downstream structures)'라는 이름으로 종종 불린다. 그러나 그러한 하위 구조들이 신호를 처리하는 정확한 방법은 알려져 있지 않다. 가장 단순한 신경망 기능 모델에서조차 명시적으로 추정되는

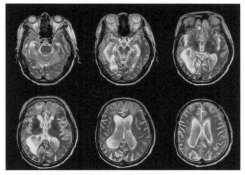
MRI 촬영한 뇌의 이미지. 사진 Getty, iStockphoto

경우가 드물다.

신경 부호의 작동은 일반적으로 도미노와 같이 일련의 선형적 단계로 이루어지는 것으로 간주된다. 그러나 뇌는 행동에 영향을 미치는 외부 세계와 이어져 상호 연결된 매우 복잡한 신경망으로 구성되어 있다. 이러한 네트워크를 그 뇌를 가진 동물의 행동과 연결하지 않고 단순한 감각과 신경 세포의 집합에 초점을 두게 되면 모든 뇌 활동의 요점을 놓치게 된다. 입력에 수동적으로 반응하고 데이터를 처리하는 컴퓨터라는 관점에서 뇌를 보게 되면, 우리는 뇌가 신체의 일부로서 바깥 세계와 상호 작용하며 구조와 기능을 형성한 진화적 과거가 있는 활성 기관이라는 사실을 잊게 된다. 뇌에 대한 이러한 견해는 헝가리의 신경 과학자 뇨르지 부자키(György Buzsáki)의 최근 저서인《뇌의 모든 것 (The Brain from Inside Out)》에 드러나 있다. 부자키에 따르면, 뇌는 단순히 자극을 수동적으로 흡수하고 이를 신경 부호를 통해 표현하는 것이 아니라, 다양한 선택지를 시험하기 위한 가능성들을 적극적으로 탐색한다. 19세기의 과학자들을 따른 그의 결론은, 뇌는 정보를 표현하는 것이 아니라 구성한다는 것이다.

컴퓨터, 부호화, 배선도(wiring diagrams) 등의 신경 과학적 은유는 필연적으로 단편적일 수밖에 없다. 그것이 과학 철학자들과 과학자들이 사고하는 방식의 중심에서 다뤄진 은유법의 본질이다. 하지만 은유는 풍부하기도 하고, 통찰력과 발견을 허용하기도 한다. 은유를 바탕으로 한 이해가 은유의 한계를 넘어서는 순간이 올 것이다. 하지만 뇌를 컴퓨터와 유사한 기관으로 보는 은유법의 경우에는 그러한 순간이 도래했다는 합의가 아직 없다. 역사적 관점에서 볼 때, 논쟁이 일어나고 있다는 사실 자체가 어쩌면 우리가 은유의 종말에 가까워지고 있음을 시사한다. 다만 명확하지 않은 것은 이 은유를 무엇으로 대체할 것인가다. 과학자들은 종종 그들의 관점이 은유를 통해 어떻게 형성돼

왔는지 깨달을 때 열광하고, 그 은유가 그들의 연구를
이해하는 방식을 바꾸거나 새로운 실험을 고안하게 할 수
있다고 생각한다. 새로운 은유를 생각해 내는 것은 어려운
일이다. 과거에 뇌와 관련해 사용된 은유들 대부분은 새로운
종류의 기술과 관련이 있었다. 이것은 뇌와 이의 기능에 대한
새롭고 통찰력 있는 은유가 수력, 전화 통신, 혹은 컴퓨터에
견줄 만한 미래의 기술 혁신에 달려있음을 의미한다. 현재
그러한 혁신의 징후는 없다. 블록체인, 양자 우위(혹은 양자에
관련된 그 어떤 것), 나노 기술과 같은 새로운 분야들의
유행에도 불구하고 이러한 분야들이 기술이나 뇌 기능에
대한 우리의 관점에 혁신적 변화를 일으키지는 않을 것으로
보인다.

> 심지어 가장 단순한 두뇌조차도 그 복잡성의 규모는
> 현재 우리가 상상할 수 있는 그 어떤 기계도 작고 하
> 찮은 것으로 만든다.

우리의 은유법이 설명력을 잃고 있을지도 모른다는 징후가
있다. 단순한 구조에서 인간 의식의 출현에 이르기까지
신경계의 작동과 관련한 많은 부분이 구성 요소에 대한

분석이 아닌, 시스템이 기능하는 과정에서 예측할 수 있는 창발적 특성(emergent properties, 조직적으로는 나타나지만 개별적으로 나타나지 않는 특성)에 의해서만 설명할 수 있다는 점이다.

1981년 영국의 심리학자 리처드 그레고리(Richard Gregory)는 뇌기능을 설명하는 방법으로 창발(emergence)에 의존하는 것이 이론적 체계의 문제점을 나타낸다고 주장했다. "창발의 등장은 결국 더 일반적인 (혹은 최소한 다른) 개념 구조가 필요하다는 신호일 것이다. 창발의 출현을 없애는 것이 좋은 이론의 역할이다(그렇게 해서 창발에 기인한 설명은 허위가 된다)."

창발에 대한 의존은 창발에도 약한 것과 강한 것이 있다는 사실을 간과한다. 상어에 반응하는 작은 물고기 떼의 움직임과 같은 약한 창발은 행동을 지배하는 규칙의 관점에서 이해할 수 있다. 이 경우, 언뜻 신비해 보이는 집단행동은 옆 동료의 움직임과 같은 요소나 포식자의 접근과 같은 외부 자극에 반응하는 개별 행동에 기인한다.

약한 창발은 가장 단순한 신경계의 활동도 설명할 수 없다. 뇌의 작동을 염두에 두지도 않는다. 결국 우리는 개별 구성 요소들의 활동으로는 설명될 수 없는 강한 창발로 되돌아가게

된다. 당신과, 당신이 읽고 있는 이 페이지는 모두 원자로
구성돼 있지만 읽고 이해하는 당신의 능력은 단순히 원자의
상호 작용이 아니라 신경 세포와 그 발화 패턴 등 상위 체계를
이루는 신체의 원자들을 통해 나오는 특징에서 비롯된다.
강한 창발은 최근 일부 신경 과학자들에 의해 '형이상학적
비개연성(metaphysical implausibility)'의 위험을 감수하는
것으로 비판받아 왔다. 이는 창발이 어떻게 일어나는지에
대한 명백한 인과 관계나 설명이 부재하기 때문이다.
그레고리와 마찬가지로, 이 비평가들은 복잡한 현상을
설명하기 위해 창발에 의존해야 한다는 것은 우리가
연금술에서 화학으로의 느린 변혁을 보았을 때와 비슷한
중요한 역사적 시점에 신경 과학이 놓여 있다는 것을
암시한다고 주장한다. 그러나 신경 과학의 수수께끼에 직면한
우리에게 창발은 종종 유일한 수단이다. 그리고 창발은
그렇게 허술한 개념은 아니다. 딥러닝(deep-learning)
프로그램의 놀라운 속성은 결국 이를 설계한 사람들에 의해
설명될 수 없는, 본질적인 창발의 속성을 가지고 있다.
일부 신경 과학자들이 창발의 형이상학으로 인해 혼란에
빠진 반면, 인공지능 연구자들은 현대 컴퓨터의 복잡함이나
혹은 인터넷을 통한 컴퓨터 간의 상호 연결성이 극적으로

알려진 특이점(singularity)으로 이어질 것이라고 믿으며 이를 즐긴다. 기계가 의식을 갖게 될 것이란 얘기다.

기계가 의식을 갖게 될지도 모른다는 가능성에 대한 많은 (종종 모든 것에 좋지 않은 결과로 끝을 맺는) 가상의 탐구들이 있고, 그러한 주제는 확실히 대중의 상상력을 자극한다. 하지만 의식이 어떻게 작동하는지에 대한 우리의 무지와 별개로, 그런 일이 실제로 가까운 미래에 일어날 것이라고 가정할 이유는 없다. 이론적으로는 가능할 수 있다. 정신은 물질의 산물이라는 작업 가설에 따라 정신을 기기에서 재현해 낼 수 있어야 하기 때문이다. 하지만 심지어 가장 단순한 두뇌조차도 그 복잡성의 규모는 현재 우리가 상상할 수 있는 그 어떤 기계도 작고 하찮은 것으로 만든다. 앞으로 수십 년, 수세기 동안 특이점은 과학이 아닌 공상 과학의 소재가 될 것이다.

의식의 본질에 대한 견해는 '컴퓨터로서의 두뇌'에 대한 은유를 기계적 유추로 바꿔 놓는다. 어떤 연구자들은 인간의 정신을 신경 하드웨어에서 구현되는 일종의 운영 체제로 보고, 특정 계산 상태로서의 정신이 어떤 기기나 다른 뇌에 업로드될 수 있다고 본다. 제시되는 일반적인 방식을 보면, 이러한 관점은 틀렸거나, 너무 순진한 발상이다.

물질주의적 작업 가설에 따르면 인간, 구더기, 다른 모든 생명체에게 뇌와 정신은 동일하다. 신경 세포와 이의 (의식을 포함한) 작동 과정이 동일하다는 것이다. 컴퓨터에서 소프트웨어와 하드웨어는 분리돼 있다. 하지만 우리의 뇌와 정신에서 무엇이 일어나고 있는지와 어디에서 일어나고 있는지는 완전히 얽혀 있다. 그런 관점에서 웨트웨어(wetware)로 구성돼 있다고 할 수 있다.

우리가 신경계의 용도를 변경해 다른 프로그램을 실행하거나 서버에 우리의 정신을 업로드할 수 있다고 상상하는 것은 과학적으로 들릴 수 있다. 그러나 이런 생각의 이면에는 데카르트 혹은 그 너머로 회귀하는 비물질적인 견해가 숨어 있다. 이는 우리의 정신이 우리의 뇌 어딘가에 부유하고 있기 때문에 이를 다른 머리로 옮기거나 다른 정신으로 대체하는 것이 가능하다는 의미를 내포한다. 일련의 신경 세포의 상태를 읽고 이를 새로운 물질, 유기체, 혹은 인공체에 그대로 옮겨 적을 수 있다고 가정할 수 있을 때에나 겨우 과학적 존중을 표할 수 있는 견해다.

실제로 어떻게 작용할지 상상하려면, 현재 우리가 상상할 수 있는 그 어떤 것 너머의 신경 세포의 기능에 대한 이해와, 역시 상상할 수 없을 정도로 뛰어난 계산 성능, 그리고 문제의 뇌의

구조를 정확하게 모방하는 시뮬레이션이 필요하다. 이것이
이론적으로라도 가능하려면 우선 생각을 제외하고 단일한
상태를 유지한 상태의 신경계 활동을 완전히 모형화할 수
있어야 한다. 현재 우리는 이 첫걸음을 내딛는 것으로부터
너무나 멀리 떨어져 있다. 적어도 먼 미래까지는 정신을
업로드하는 가능성은 공상으로 치부할 수 있을 것이다.

'뇌는 컴퓨터다' 같은 은유가 옳고 그른지에 대한 논
쟁은 시간 낭비다.

그 효과를 둘러싸고 의견이 엇갈리고 있음에도,
'컴퓨터로서의 뇌'의 은유는 현재 널리 받아들여지고 있다.
2015년 로봇 공학자 로드니 브룩스(Rodney Brooks)는
《사라져야 하는 생각들(This Idea Must Die)》이라는 제목의
에세이집에서 뇌를 컴퓨터에 비유하는 것을 특별히 아주 싫어
하는 것으로 꼽았다. 20여 년 전 역사가 라이언 요한슨(Ryan
Johanson)은 브룩스만큼 극적이지는 않지만 비슷한 말을
했다. "'뇌는 컴퓨터다' 같은 은유가 옳고 그른지에 대한
끝없는 논쟁은 시간 낭비다. 이러한 은유는 우리에게 진실을
말해 주는 것이 아니라 무언가를 하라고 명령하고 있는

것이다."

한편 미국의 인공지능 전문가 게리 마커스(Gary Marcus)는 뇌를 컴퓨터에 비유하는 것을 강하게 변호한다. "컴퓨터는 간단히 말하자면 입력을 받고, 이를 코드화하고 정보를 처리하여 입력물을 출력물로 바꾸는 체계적인 구성체이다. 뇌는 우리가 이해하는 한, 정확히 그와 같다. 중요한 질문은 뇌가 정보 처리 장치 자체이냐가 아니라, 뇌가 어떻게 정보를 저장하고 코드화하는지, 그리고 코드화된 정보에 대해 어떤 작업을 수행하느냐다."

마커스는 컴퓨터의 구성 요소와 상호 연결을 조사하여 작동 방식을 해독하는 것처럼 뇌를 '역설계(reverse engineer)' 하는 것이 신경 과학의 임무라고 주장했다. 이러한 제안은 예전부터 있었다. 1989년 크릭은 이 아이디어의 흥미로움을 인식했지만 뇌의 복잡한 진화의 역사 때문에 실패할 것이라고 생각했다. 그는 이에 대해 마치 '외계의 기술'을 역설계하는 시도와 같을 것이라고 했다. 그는 또한 뇌의 구조를 논리적으로 따르면서 뇌가 어떻게 작동하는지 설명하려는 시도는 시작점부터 잘못되었기 때문에 실패할 운명이라고 말했다. 뇌에는 전체적인 논리라는 것이 존재하지 않기 때문이다.

컴퓨터의 역설계(reverse engineering)는 이론적으로 우리가 어떻게 뇌를 이해할 수 있을지에 대한 사고 실험(thought experiment)으로 종종 사용된다. 이러한 사고 실험은 필연적으로 성공한다. 그래서 우리 머릿속에 있는 그 물렁한 장기를 이해하기 위해 이런 방법을 계속 시도하게 만든다. 하지만 2017년 두 명의 신경 과학자들이 명확하게 설계된 기능, 실제 논리와 실제 구성 요소로 이루어진 실험을 실제 컴퓨터 칩을 이용하여 진행했을 때는 뜻대로 되지 않았다. 두 신경 과학자, 에릭 조나스(Eric Jonas)와 콘래드 폴 코르딩(Konrad Paul Kording)은 평소 뇌를 분석하는 데 사용하던 기술을 동키콩(Donkey Kong)이나 스페이스 인베이더스(Space Invaders)와 같은 비디오 게임을 실행할 수 있는 1970년대 후반에서 1980년대 초반에 생산된 컴퓨터에 내장된 MOS 6507 프로세서에 적용했다. 먼저 그들은 칩에 들어 있는 3510개의 강화 모드 트랜지스터를 스캔하고, 그 장치를 최신 컴퓨터에서 (10초간의 게임 프로그램 실행을 포함해) 시뮬레이션해 칩의 커넥톰(connectome, 연결망 지도)을 얻었다. 그런 다음, '병변(lesions, 뇌의 한 영역을 제거함으로써 그 영역의 기능을 유추하는 것과 같이 시뮬레이션에서 트랜지스터를 제거하는

것)', 가상 트랜지스터의 '스파이킹(spiking, 전기 자극)' 활동
분석과 연결성 조사, 게임 실행 기능으로부터 측정된 다양한
조작이 시스템의 동작에 미치는 영향 관찰 등 모든 범위의
신경 과학적 기법을 적용했다.

이렇게 강력한 분석 무기를 배치하고 칩의 작동 방식에 대해
명확하게 설명했음에도 불구하고 이 연구는 칩 내부에서
일어나는 정보 처리의 계층 구조를 알아내는 데 실패했다.
조나스와 코르딩의 표현대로, 그 기법들은 '의미 있는 이해'를
만들어 내기엔 역부족이었다. 그들의 결론은 암울했다.

"궁극적으로, 문제는 신경 과학자들이 마이크로프로세서를
이해할 수 없다는 것이 아니라 현재 그들이 취하고 있는 접근
방식으로는 이해할 수 없을 것이란 점이다."

이 냉정한 결과는 '컴퓨터로서의 뇌'의 은유가 가지고
있는 매력, 뇌가 실제로 정보를 처리하고 외부 세계를
표상한다는 사실에도 불구하고, 우리는 여전히 진보를
이루기 위해 상당한 이론적 혁신을 일으켜야 한다는 점을
시사한다. 설령 우리의 뇌가 논리적 선형을 따라 설계됐다
하더라도 (하지만 뇌는 그렇게 설계되지 않았다) 우리가
현재 가지고 있는 개념적, 분석적 도구는 뇌를 설명하는
작업에 완전히 불충분했을 것이다. 이것은 시뮬레이션

작업이 부질없다는 의미가 아니다. 우리는 뇌를 모델링(또는 시뮬레이션)함으로써 가설을 시험할 수 있고, 정밀 조작이 가능한 확립된 시스템과 그 모델을 연결함으로써 실제 뇌가 어떻게 기능하는지에 대한 통찰력을 얻을 수 있다. 이는 매우 강력한 도구다. 그러나 이러한 연구와 관련한 주장들에는 어느 정도의 주의가 요구된다. 뇌와 인공 시스템 사이의 평행적 유사성을 이끌어 내는 어려움에 관련해서는 사실주의가 필요하다.

현재의 역설계 기술은 인간의 뇌뿐 아니라 위 사진과 같은 게임기 아타리의 칩을 제대로 이해하기에도 부적절하다. ©Radharc Images/ Alamy

뇌의 저장 용량을 계산하는 것처럼 복잡해 보이지 않는 일조차 막상 시도하는 것은 어렵다. 그러한 계산에는 개념적이고 실제적인 어려움이 많다. 뇌는 디지털 장치가 아닌, 자연스러운 것, 진화된 현상이다. 기계와 마찬가지로 뇌에서도 특정 기능들이 밀접하게 편재돼 있다는 주장도 있다. 하지만 뇌 영역 사이의 예상치 못한 연결에 대한 새로운 신경 해부학적 발견, 특정 행동과 연결된 영역 없이도 정상 기능할 수 있는 뇌의 놀라운 가소성(plasticity, 고체가 외부의 힘으로 형태가 바뀐 뒤 그 힘이 없어져도 본래의 모양으로 돌아가지 않는 성질)으로 이런 주장은 반박당한다.

실제로, 뇌와 컴퓨터의 구조는 완전히 다르다. 2006년 신경 과학자 래리 애벗(Larry Abbott)은 〈이것의 스위치는 어디에 있는가?(Where are the switches on this thing?)〉라는 제목의 에세이에서 전자 장치의 가장 기본적인 구성 요소인 스위치의 잠재적 생물 물리학적 기초를 탐구했다. 억제성 시냅스(신경 접합부)는 '하류(downstream)' 신경 세포를 반응하지 않게 해서 활동의 흐름을 변화시킬 수 있지만, 그러한 상호 작용은 뇌에서는 상대적으로 드물다.

신경 세포는 배선도(wiring diagram)를 형성하며 켜지거나 꺼질 수 있는 2진의(binary) 스위치가 아니다. 대신, 신경 세포는 자극의 변화에 반응해 자신의 활동을 연속적으로 변화시키는 아날로그 방식으로 반응한다. 신경계는 많은 단위로 구성된 세포의 네트워크에서 일어나는 활성화 패턴의 변화에 의해 작동을 변경한다. 네트워크는 활동을 연결하고, 옮기고, 방향을 바꾸게 한다. 인간이 구상해 낸 그 어떤 장치와도 다르게, 이러한 네트워크의 교점(nodes)은 트랜지스터나 밸브와 같은 안정적인 지점이 아니다. 구성 세포가 일관되지 않은 행동을 보이더라도 시간이 지남에 따라 일관적으로 반응할 수 있는 수백, 수천, 수만 개에 달하는 네트워크로서의 신경 세포의 집합이다.

그중 가장 단순한 네트워크를 이해하는 것조차 현재 우리에게는 능력 밖의 일이다. 브랜다이스대 신경 과학자인 이브 마더(Eve Marder)는 바닷가재의 위 속에 있는 수십 개의 신경 세포가 어떻게 리듬감 있는 분쇄를 만들어 내는지를 이해하려고 노력하는 데에 연구의 상당 부분을 투자했다. 엄청난 노력과 창의에도 불구하고, 우리는 여전히 단순한 두뇌의 수준에도 못 미치는 이 작은 네트워크에서 한 구성 요소가 변화하면서 일으키는 효과를 예측할 수 없다.

이것이 우리가 풀어야 할 큰 문제다. 한편으로 뇌의 구조는 시냅스의 활동뿐 아니라 신경 전달 물질과 같은 다양한 요인에 의해 영향을 받아 활동하는 네트워크 속에서 서로 상호 작용하는 신경 세포와 다른 세포들로 이루어져 있다.

반면, 뇌의 기능에는 인구 집단 수준에서의 복잡한 동적 패턴이 관여되어 있다. 나는 이 두 단계의 분석 사이에서 연관성을 찾는 것이 남은 세기의 중요한 과제가 될 것이라고 추측한다. 정신 질환을 제대로 이해하는 것은 훨씬 더 먼 일이다.

모든 신경 과학자들이 비관적인 것은 아니다. 일부는 새로운 수학적인 방법의 적용이 인간의 두뇌의 무수한 상호 연결성을 이해할 수 있게 해줄 것이라고 자신 있게 주장한다. 나를 포함해 그렇지 않은 사람들은 척도의 반대편에 있는 동물들로부터 시작해 벌레나 구더기 같은 작은 뇌에 집중하여 이미 잘 확립되어 있는 접근 방식으로 간단한 시스템이 어떻게 작동하는지 먼저 이해한 다음, 이를 더 복잡한 시스템에 적용하는 방식을 선호한다. 이 문제에 대해 생각해 본 적이 있는 많은 신경 과학자들은 뇌에 대한 통합된 이론이 우리 가까이에 와 있는 것이 아니기 때문에 뇌 연구의 진보는 필연적으로 단편적이고 느릴 것이라고 생각한다.

우리의 뇌에 대한 이해가 미래에 어떻게 펼쳐질 수 있는지와 관련해서는 많은 대안적인 시나리오들이 있다. 어쩌면 다양한 계산 과제들이 성공적으로 진행되고 이론 과학자들은 모든 뇌의 기능을 알아낼 것이다. 혹은 커넥텀(connectomes,

도식화한 신경망)이 숨겨져 있는 뇌 기능의 원리를 드러낼 수도 있다. 혹은 우리가 만들어 내고 있는 방대한 양의 영상 자료들 속에서 어떤 이론이 튀어나올 것이다. 혹은 우리가 일련의 개별적이지만 만족스러운 설명들 속에서 하나의 이론(또는 이론들)을 천천히 구성해 나갈 것이다. 혹은 단순한 신경망 원리에 집중해 우리는 더 높은 단계의 조직을 이해할 것이다. 혹은 생리학, 생화학, 해부학을 통합하는 어떤 급진적이고 새로운 접근법이 결정적인 단서를 제공할 것이다. 혹은 새로운 비교 진화 연구가 어떻게 다른 종의 동물들이 의식을 갖고 있는지 보여 주고, 인간 뇌의 기능에 대한 통찰력을 제공할 것이다. 혹은 지금껏 상상된 적 없는 새로운 기술이 뇌에 대한 급진적이고 새로운 은유를 제공함으로써 우리의 모든 관점을 바꿔 버릴 것이다. 혹은 우리의 컴퓨터가 의식을 갖게 되면서 걱정스럽고도 새로운 통찰력을 제공할 것이다. 혹은 인공 두뇌학, 제어 이론, 복잡성과 역동성 시스템 이론, 의미론과 기호학에서 새로운 이론적 체계가 나올 것이다. 혹은 우리는 뇌에는 전체 논리라는 것이 없기 때문에 단지 각각의 작은 부분에 대한 적절한 설명만 가지고 있다고, 그렇기에 뇌에 대한 이론 또한 있을 수 없다는 것을 받아들이고 그것에 만족해야 할 것이다. 혹은…….

인터뷰

지금 우리에게 필요한 건 롤모델이 아니라 레퍼런스다. 테크,
컬처, 경제, 정치, 사회 등 다양한 분야에서 활동하고 있는
혁신가를 인터뷰한다. 사물을 다르게 보고, 다르게 생각하고,
세상에 없던 것을 만들어 내는 사람들을 만난다. 혁신가들의
경험에서 내 삶을 변화시킬 레퍼런스를 발견한다.

독보적인 공간은 콘텐츠를 중심에 둘 때 탄생한다

지난 크리스마스에도 망원동에는 긴 줄이 늘어섰다.
2021년부터 망원동 작은 골목 한켠을 지켜온 '프레젠트
모먼트' 앞이었다. 이곳의 성공은 이미 레퍼런스가 됐다.
비슷한 콘셉트를 가진 크리스마스 테마의 소품 숍이
여기저기에 보인다. 하지만 정작 '프레젠트 모먼트'는 소품
숍이 아니다. 선물 가게다. 아니, 실은 선물 가게도 아니다.
산타의 비밀 창고다. 세상에 없던 공간을 현실로 만든 것은
진심이 담긴, 단단한 세계관이었다. 그 세계관에는 '프레젠트
모먼트'가 이 현실 세계에 전하고 싶은 가치가 명확하게
담겨 있다. 울지 않는 착한 아이가 아니어도 선물을 받을 수
있다는 그곳, '프레젠트 모먼트'의 비밀스러운 문을 열어 봤다.
프레젠트 모먼트 김성재 디렉터를 신아람이 인터뷰하고 썼다.

입구를 찾는 일부터 쉽지 않았다. 이곳의 정체는 무엇인가?

'프레젠트 모먼트'는 산타의 비밀 창고다. 산타의 존재를 믿는 사람들, '세상의 모든 빨간 코'들을 위한 공간이다. 산타를 믿는 마음이 없다면 보이지도 않고, 존재하지도 않는다. 그래서 입구를 찾기 어렵다.

산타의 비밀 창고로 들어오는 출입구를 21세기 한국에 만들었다.

〈울면 안 돼 (Santa Claus Is Coming To Town)〉라는 캐럴이 있지 않나. 선물을 받으려면 착한 아이가 돼야 한다. 울어도 안 되고 짜증 내도 안 되고 화를 내도 안 된다. 하지만 가끔은 슬프면 울어도 되고 힘들 때는 짜증도 낼 수 있다. 어떤 경우에는 떼도 써야 더 행복할 수 있다고 믿는다. 내 감정에 좀 더 집중하고 그것을 솔직하게 표현하는 것이다.

사진: 프레젠트 모먼트

그럼, 이제 착한 아이가 아니어도 선물을 받을 수 있
는 세상이라는 것인가?

우는 어른들도 선물을 받을 수 있는 세상을 만들고 싶다.
그리고 그것을 위해 고군분투하는 공간이 있다는 것을 전하고
싶다. 그래서 '프레젠트 모먼트'가 문을 열었다. 누구라도
문을 열면 산타의 비밀 창고를 탐험할 수 있다. 언제든
크리스마스의 따뜻함이 필요하다면 이곳이 그 따뜻함을 느낄
수 있는 공간이 되었으면 한다.

따뜻한 세계관이다. 그리고 이 세계관이 성공했다.

지난 2021년 8월 가오픈을 했다. 당시에는 예약한 후 방문하는 시스템이었다. 그런데 한 번 오신 분들이 계속 다시 오셨다.

그만큼 공간이 마음에 들었다는 건가?

이 공간을 경험하신 뒤, 다른 일행을 데려오는 분들이 많았다. 우리 공간에 숨겨진 이야기를 일행에게 설명해 주시면서 즐거워해 주셨다. 이 경험이 빠르게 공유됐고, 그 속도는 우리 예상보다 훨씬 빨랐다. 그래서 첫 크리스마스부터 정말 많은 분과 함께할 수 있었다.

핵심은 스토리다.

나를 포함한 창업 멤버 둘 다 창작의 영역에서 일을 했던 사람들이다. '프레젠트 모먼트'는 구체적인 세계관을 바탕으로 만들어진 공간이다. 인스타그램 계정을 통해 숍 오픈 5개월여 전부터 만화로 연재했다. 인스타툰을 통해 '산타의 비밀 창고', '메리의 작업실', 선물을 만드는 '팩토리'까지 소개했다.

인스타툰뿐만 아니라 실제 공간에서도 이야기가 중심이다.

맞다. 공간에 전시되어 있는 대부분의 품목에 굉장히 상세한 설명이 함께 놓여 있다. 예를 들어 인형이라 한다면, 그 친구에 관한 이야기를 쓴다.

인형을 위해 스토리를 만든다는 건가?

그렇다기보다는 그 인형 친구의 이야기를 듣는다는 개념이다. 지금까지 어떤 삶을 살아왔는지, 어떤 곳을 거쳐 이곳까지 도착했는지와 같은 이야기 말이다. 아무래도 빈티지 인형을 많이 소개해 드리다 보니 보통 20년에서 길게는 100년까지 세월이 쌓여 있다. 처음 만들어졌을 때와 비교하면 인형의 모습도 많이 변해 있다.

사진: 프레젠트 모먼트

인형도 나이가 들었다는 얘기다.

달라진 모습을 자세히 들여다보면 표정이 느껴진다. 어떤
시간을 거쳐 왔는지, 자연스럽게 떠오르는 이야기가
있다. 우리 팀은 '교감'한다고 표현하는데, 그 교감을 통해
이야기가 나온다. 그래서 인형을 고르는 분들께는 입양서도
함께 드린다. 입양서에는 그 친구가 언제 태어났으며 키나
몸무게는 얼마라는 식의 기본적인 정보가 담겨 있다.

인형이 아니라 그 인형에 담긴 이야기와 함께 집으로 돌아가는 경험이 되겠다.

모든 인형에 따뜻한 이야기가 담겨 있는 것은 아니다. 때로는 우울한 이야기, 또 모험적인 이야기를 가진 인형도 있다. 사실, 의도한 것은 아니다. 그런데 인형과 마주하다 보니 자연스럽게 그런 이야기도 나왔다. 어떻게 받아들여 주실지, 처음엔 조금 걱정도 했다. 하지만 오히려 다양한 이야기에 공감해 주셨고, 좋아해 주셨다. 예를 들어 요즘 힘이 나질 않아 쉬고 싶다고 생각했는데, 비슷한 고민을 가진 인형을 만나 위로를 받게 되는 것이다.

인형뿐만 아니라 다른 아이템도 흔치 않은 것들이다.

선정할 때부터 정성이 담긴 물건을 전한다는 생각으로 고르고 있다. 예를 들어 먹을거리의 경우에도 재미있는 뒷이야기가 숨겨진 브랜드, 오랜 노하우를 가진 곳의 상품을 중심으로 고른다.

'프레젠트 모먼트'의 공간은 아이템을 돋보이게 한다
는 느낌보다 이 공간 자체가 주인공인 것처럼 보인다.

'산타의 비밀 창고'에 걸맞은 공간을 만들기 위해 처음부터
공을 들였다. 가구들의 경우도 대부분 손으로 깎아 만든,
오래된 것들이다. 길게는 300년 넘는 가구도 있다.

그런 가구는 어디서 구하나?

공간을 준비할 때 코로나19로 해외에 나갈 수가 없었다.
그래서 전국을 돌아다녔다. 반년 정도 걸린 것 같다. 직접
눈에 담고 가구에 담긴 사연도 들었다. 재미있는 사연이 담긴
가구들로 채우고 싶다는 욕심이 있었다.

가구가 디스플레이를 위한 도구가 아니라 이 공간에
담긴 이야기의 일부란 얘기다.

그래서 효율적인 부분에 있어서는 아쉬움이 있다. 좀 더
많은 아이템을 놓을 수 있으면 좋겠다는 생각이 들 때도
있다. 하지만 다양하고 독특한 가구가 만들어 내는 재미있는

포인트들이 있다. 예를 들어 이쪽에 놓았을 때엔 시선을 많이 받지 못했던 아이템인데, 저쪽의 다른 가구에 놓으면 관심을 많이 가져 주시고 함께 놓인 이야기에도 더 몰입해 주시는 경우가 있다. 가구의 색, 빛의 방향이나 양, 이 모든 것이 어우러져 다양하고 독특한 공간을 만든다.

입구도 효율적이진 않다.

벽돌에 숨겨진 문을 제작하는 것 때문에 오픈이 3개월이나 늦어졌다. 이게 벽돌 모양의 다른 소재가 아니라 정말 벽돌이다. 정말 무겁다. 지탱하기 위한 기둥도 해외에서 특수 제작해서 받아 왔고 문 자체를 새롭게 제작해야 했다. 할 수 있다고 나섰다가 포기한 시공 업체만 세 곳이다.

그래도 만드는 데 성공했고, 이제는 '프레젠트 모먼트'의 상징이 되었다.

끝까지 꼭 하고 싶어서 네 번째 업체를 수소문했고, 함께 열심히 논의해서 성공했다.

사진: 프레젠트 모먼트

리테일인데, 외부에서 안을 들여다볼 수 없는 구조를
고집했다는 것은 꽤 큰 모험이다.

처음부터 이 공간을 전략적으로 구성하지는 말자는 공감대가
있었다. 전략적으로 구성하면 수익을 올릴 수 있고 효율성을
확보할 수는 있겠지만, 우리가 애당초 생각했던 상상의
공간을 구현하기는 어렵다고 생각했다. 사실 나도 다른
프로젝트를 할 땐 레퍼런스도 굉장히 많이 참고하고 관련
서적도 많이 읽는 편이다. 하지만 이번에는 가능하면 현실에
있는 공간은 참고하지 않으려고 했다.

망원동, 그것도 가장 번화한 골목에서 조금 떨어진 곳에 위치한다. 이러한 입지도 같은 맥락에서 결정한 것인가?

그렇다. 이른바 '망리단길'이 가장 주목받았던 때가 아마 2015년 정도 아니었나 싶다. 하지만 홍대나 성수와는 달랐다. 그 시기가 지난 이후에도 망원동은 여전히 '동네'의 가치를 지켜 가고 있다. 작고 예쁜 가게가 꾸준히 이 '동네'를 지키고 있고, 이곳의 사람들도 여전히 '동네' 사람들이다. 우리 공간이 위치한 곳은 오래된 카센터 근처다. 무심히 지나치면 있는지도 모를 수밖에 없다. 이곳을 일부러 찾아 주셨으면 했다. 동네 한편에 있는 줄도 모르게 있는 공간. 그리고 그 공간을 어렵게 찾아 문을 여는 순간부터 '프레젠트 모먼트'라는 공간 경험의 시작이다.

단단한 세계관을 공간까지 꼼꼼하게 연결해 냈다. 들인 공이 상상 이상이다.

이 공간은 우리가 쉬이 경험할 수 없는 비일상의 공간이다. 아무리 한여름이라 하더라도 이 문만 열면 크리스마스가 펼쳐진다. 어린 시절을 상상해 보면 이불에만 들어가도 내가 원하는 세상을 펼칠 수 있었다. 상상만으로도, 장난감 몇 개만으로도 하루 종일 즐거웠다. 이곳이 그런 공간이었으면 했다. 어린 시절, 나만의 세계가 펼쳐졌던 그 이불 속 같은 공간 말이다.

지금도 그런 공간을 만들기 위해 매일 기획하고, 이야기를 전하고 있다.

사실, 산타의 비밀 창고 말고도 인스타툰을 통해 선보인 '메리의 작업실'도 선보이고 싶다. 아직 보여 드릴 것이 정말 많다. 서두르지 않고 섬세한 방식으로 전달해 드리고자 한다.

더 많은 공간에서, 더 확장된 경험을 만들겠다는 얘기다. 궁극적인 목적은 무엇인가?

일종의 테마파크 같은 곳이 됐으면 한다. 놀이 기구는 없지만, 2시간이고 3시간이고 둘러보면서 다른 세계에 온 것 같은 경험을 할 수 있는 곳 말이다. 매장 안에 가득 찬 이야기들을 통해 어디에도 없는 비일상을 누릴 수 있었으면 한다. '세상의

모든 빨간 코'들이 크리스마스가 필요한 순간, 언제든지
찾아와 크리스마스를 만끽할 수 있도록 하고 싶다.

마치며

피터 마구바네의 사진에는 힘이 있다. 유려한 문장이나 시끄러운 구호, 두둑한 돈다발로도 움직이기 힘든 사람의 마음을, 아무렇지도 않게 슥 당겨 오는 힘이다. 사실 엄청난 구도나 기술이 깃든 사진은 아니다. 그의 사진을 밝히는 기술이 있다면 책임감과 용기, 그리고 사진작가의 순수한 즐거움 아니었을까. 그의 사진이 사랑받아서, 주목받아서 참 다행이다. 그 어떤 대단한 기술보다도 피터 마구바네의 사진 한 장이 우리를 더 나은 세상으로 인도했다. 우리에게 중요한 질문을 던졌기 때문이다. 인간은 이렇게 살아가도 괜찮은 것이냐고. 혁신에, 금융 시장에 열광하는 시대다. 그러나 그곳에는 답이 없다. 우리가 질문을 해야 답이 생긴다. 이 혁신은, 이 시장 구조는 인간을 위한 것인가. 인간에게 이로운 것인가. 그리고 이런 질문은 좀 먼 풍경을 바라볼 때 떠오르곤 한다. 태풍의 한가운데에서는 태풍을 느낄 수 없으니 말이다. 과거를 더듬고, 산타의 비밀 창고를 탐험하고, 기괴한 영화 한 편을 보고 나면 좋은 질문이 떠오를지도 모를 일이다. 방문을 열고 질문을 찾아 나설 차례다.